La cueva secreta de Teotihuacan

René Ernesto Rodríguez Fabila

La cueva secreta de Teotihuacan

México ♦ Miami ♦ Buenos Aires

La cueva secreta de Teotihuacan
© René Ernesto Rodríguez Fabila, 2012

D. R. © Editorial Lectorum, S. A. de C. V., 2012
Batalla de Casa Blanca Manzana 147 Lote 1621
Col. Leyes de Reforma, 3a. Sección
C. P. 09310, México, D. F.
Tel. 5581 3202
www.lectorum.com.mx
ventas@lectorum.com.mx

   L. D. Books, Inc.
   Miami, Florida
   ldbooks@ldbooks.com

Primera edición: junio de 2012
ISBN: 978-1502-555243

D. R. © Portada: Lucero Elizabeth Vázquez Téllez

Dedico este libro a tu voz interna,
pues es a quien yo me dirijo

Agradezco a mis padres darle a mi alma un cuerpo físico
para que pudiera aterrizar en este maravilloso mundo
de la dualidad, donde conviven el día y la noche.

Agradezco a mi esposa su luz y su amor incondicional.

Agradezco a todos mis maestros, que de manera consciente
y amable me trasmitieron su sabiduría;
así como a los que lo hicieron
de manera inconsciente y agresiva.

Agradezco al agua por ser el espejo natural donde
podemos contemplar el cielo cuando miramos hacia abajo.

Introducción

Un Dios que castiga y premia es un Dios que juzga y condena. Y si Dios nos hizo a su imagen y semejanza, entonces el hombre, que es el hijo de Dios, aprendió de su padre a juzgar y a condenar. Y quien condena castiga. Y quien castiga arroja la primera piedra. Y no importa si la piedra es material o sentimental: el daño ya está hecho.

Desde muy niño aprendí a juzgar. Comence con mis padres y terminé juzgándome a mí mismo; me castigaba dándome golpes de pecho y diciéndome: "por mi culpa, por mi propia culpa". Pero no me bastaron los miles de golpes que me daba en medio del corazón para liberarme de mi propia culpa... Y quien se siente culpable no le encuentra ningún sentido a la vida.

Los que juzgamos lo hacemos por ignorancia, y la mayor ignorancia en la que puede caer un hombre es el desconocimiento de sí mismo. Es como vivir veinte años en una casa y no conocer dónde están la cama, la mesa y el baño, e incluso peor, no saber para qué sirven.

La información contenida en este libro es una guía para que conozcas lo que aún no conoces de ti.

> ¿Será posible negar que los límites
> del poder del hombre son los que él mismo
> se traza, por no conocerse a sí mismo?
>
> Rodolfo Waldo Trine

Jesús dijo: "La verdad te hará libre". Si no te sientes libre, es que has creído las mentiras que a diario repite gran parte de la sociedad. Y el vivir rodeado de mentiras y mentirosos es vivir en la ignorancia.

> Ustedes se limitan a sí mismos sólo porque
> su abastecimiento depende de otros seres humanos.
>
> Saint Germain

Te agradezco el interés que tienes en leer este libro. Antes de que te adentres en sus páginas, permíteme citar la sabiduría del gran científico que espiritualizó su razonamiento, entendió y sintió el significado de la vida:

> Aquel que considera su vida y la de sus semejantes
> carente de sentido, no sólo es desdichado,
> sino poco hecho para la vida.
> El auténtico valor del ser humano depende,
> en principio, de en qué medida y en qué sentido
> haya logrado liberarse del yo.

Qué extraña suerte la de nosotros los mortales:
estamos aquí por un breve periodo;
no sabemos con qué propósito,
aunque a veces creemos percibirlo.
Pero no hace falta reflexionar mucho para saber,
en contacto con la realidad cotidiana,
que uno existe para otras personas:
en primer lugar para aquellos de cuyas sonrisas
y de cuyo bienestar depende totalmente
nuestra propia felicidad, y luego, para los muchos,
para nosotros desconocidos,
a cuyos destinos estamos ligados por lazos de afinidad.
Me recuerdo a mí mismo cien veces al día
que mi vida interior y mi vida exterior
se apoyan en los trabajos de otros hombres,
vivos y muertos, y que debo esforzarme
para dar en la misma medida en que he recibido
y aún sigo recibiendo.

Albert Einstein

¿Por qué?

¿Conocerme a mí mismo?

¿Qué es lo que no conozco de mí?

¿En qué me beneficia conocerme a mí mismo? ¿Puedo dejar de sufrir?

¿Qué gana mi familia si yo me conozco a mí mismo?

¿Me va a aceptar más la sociedad?

¿Voy a incrementar mis recursos económicos? ¿Puedo ser más eficiente en mi trabajo?

¿Puedo pensar mejor, aumentar mi concentración y mi memoria?

¿Puedo dejar de temerle al Diablo?

¿Puedo dejar de tener miedo a morir?

¿Puedo dejar de odiar?

¿Puedo dejar de mentir?

¿Puedo ser inmune a la brujería y al mal de ojo?

¿Puedo conocer mi futuro?

¿Puedo conocer a Dios?

¿Cómo conocer lo que no conozco de mí?

Sólo tú tienes la respuesta.

Pero la calidad de tu vida no depende de la respuesta, sino de la calidad de las preguntas que tú mismo te hagas.

Lo importante no es la meta, sino el camino y el vehículo que elijas para llegar a tu destino. El camino que tú eliges está determinado por el tipo de reacciones que tienes ante los eventos de tu vida.

¿Te has dicho?:

☃ No sé por qué reacciono así.

☃ Me arrepiento de haber reaccionado así.

☃ No supe lo que hice.

☃ No sé cómo enfrentar esta situación.

Todos tenemos las mismas opciones para reaccionar ante una situación; pero no todos tenemos el don de elegir la reacción que más nos convenga en ese momento, porque no todos nos conocemos a nosotros mismos, o sea, no sabemos cómo vamos a reaccionar.

Si tu reacción es deprimirte, serás una persona depresiva; tu camino estará lleno de hondonadas, y en el fondo de ellas no verás la salida; saldrás, pero para caer en otra hondonada; tardarás mucho en llegar a tu meta, pero llegarás. Todos llegamos, unos primero y otros después. Muchos llegamos revolcados, sedientos, hambrientos, con frío, mojados, heridos, pero llegamos a conocernos a nosotros mismos.

Si tu reacción es agredir, serás una persona agresiva y llegarás a la meta mal herido, o mejor dicho "bien herido", pues en tu camino sólo encontrarás enemigos.

Si tu reacción es huir, serás un cobarde y llegarás a tu meta caminando en reversa: no le darás la cara a los obstáculos del camino y llegarás con muchos tropiezos.

Si tu reacción es analizar, serás un analista y perderás mucho tiempo analizando los pros y los contras de cada situación; tardarás mucho para dar el primer paso y otros te dejarán atrás.

Si tu reacción es resolver los problemas, serás una persona exitosa; aunque algunos problemas no se resolverán te habrán dejado algo muy valioso: experiencia, conocimiento y sabiduría.

Una persona con experiencia sabe que sí se pueden resolver los problemas; una persona con conocimiento sabe cómo resolver los problemas; una persona con sabiduría no resuelve los problemas, los trasciende.

Si hay tantos problemas en el mundo y hay muchos sabios y científicos, ¿por qué éstos no han resuelto los problemas de la humanidad?

¿Dónde hay una escuela que nos enseñe a solucionar los problemas?

¿Por qué las personas que egresan de las universidades no están aptas para resolver los grandes problemas de la humanidad? Incluso ellos mismos están rodeados de problemas personales, familiares, económicos, religiosos, sociales, etcétera.

A muchos sabios, como Copérnico, Gandhi y Jesús, los han matado. Y otros que no tienen sabiduría, como los comerciantes recios, deportistas profesionales y artistas, son aplaudidos y vanagloriados por el pueblo. ¿Por qué?

Todas estas preguntas y muchas más se las hice a mi gran maestro, Joed Goran, con quien tuve un encuentro por casualidad en el valle de Teotihuacan. A él debo la oportunidad que me di de conocerme a mí mismo y buscar en mí las respuestas a mis propias preguntas, para ir enriqueciendo cada día mis respuestas de acuerdo con los conocimientos adquiridos, y formular nuevas preguntas, para sentirme cada vez más pleno, más lleno de conocimiento.

Encuentro casual con el gran maestro

Esta gran experiencia que viví con mi maestro inició una tarde en el estacionamiento de la zona arqueológica de Teotihuacan. Era el mes de julio y empezaba a llover. El maestro estaba enfrente de mí cuando la lluvia arreció; lo invité a subir a mi auto para protegernos de la lluvia y del viento cortante que golpeaba nuestros rostros.

Le ofrecí un aventón pero me dijo que tenía que esperar a dos compañeros. Mientras tanto platicamos y me comentó que iba a impartir un curso a varios de sus alumnos para que ellos conocieran la parte desconocida de sí mismos, mediante un método más antiguo que las mismas civilizaciones de la antigüedad, el cual ha sido utilizado en sus diferentes matices por todas las civilizaciones incluyendo, claro está, las culturas precolombinas.

El curso lo impartiría en una gran cueva del valle de Teotihuacan. Yo dudé mucho en participar, ya que el retiro duraría nueve días y el costo era muy elevado para mi situación económica de esa época. Además yo le tenía poca confianza al maestro, pues no me daba suficientes informes de quién era él. Cuando insistí en saber de dónde era él, me respondió: "Soy del Universo". Como puse cara de disgusto, él me dijo: "¿Tú quieres preguntarme dónde nací, verdad?".

Con un gesto afirmativo y lleno de obviedad le respondí que sí, ya que todos pertenecemos al Universo. Él me respondió:

"Nací en Oaxaca, pero tengo veinticinco años viviendo en la ciudad de México".

Ya con más confianza, le pregunté en dónde había aprendido sus conocimientos. "En la universidad de la vida" —respondió.

Como otra vez me contrarié con su respuesta, él me dijo: "¿Tú quieres saber qué instituciones respaldan mis estudios?".

Nuevamente asentí con la cabeza y él me respondió: "Estudié Ingeniería Mecánica Eléctrica, Química, Biología, Psicología y Psiquiatría en la Universidad Nacional Autónoma de México, y actualmente soy investigador de la sabiduría tolteca, teotihuacana y maya".

Después me enseñó una credencial que lo acreditaba como investigador de la Universidad Nacional Autónoma de México y otra del Instituto Nacional de Antropología e Historia. Lo anterior y otras respuestas a mis preguntas me animaron a participar en el curso.

La cueva secreta

El día que inició el curso me citó en el salón de eventos de un hotel de la localidad. Su asistente me condujo hasta mi asiento, ya que el lugar estaba totalmente oscuro; yo me encontraba muy atento a todos los sonidos, pues teníamos prohibido hablar hasta que el maestro nos lo indicara. Aunque ya era de noche y el salón estaba totalmente oscuro, nos vendaron los ojos para trasportarnos en vehículos ligeros hasta la cueva secreta.

Después, el maestro y sus asistentes me vistieron con ropas muy holgadas y me pusieron una máscara, y aunque ya me había quitado la venda, no podía ver nada, ya que la oscuridad dentro de la cueva era total.

El maestro nos indicó que íbamos a estar en silencio muchas horas, y que al salir de la cueva íbamos a renacer, así que desde ese momento deberíamos empezar a crear nuestra próxima vida, haciéndonos las siguientes tres preguntas fundamentales para cualquier ser humano:

- ¿Qué me gustaría ser?
- ¿Qué me gustaría hacer?
- ¿Qué me gustaría tener?

No sé cuánto tiempo pasé dentro de la cueva, pero me dormí tres veces, comí y tomé agua ocho veces y obré dos veces, como pude y donde pude, pues cualquier intento de hablar era inmediatamente censurado. En mi vestimenta siempre tenía agua y fruta.

Mi tercer sueño fue interrumpido por los gritos y el llanto de una mujer que le pedía al maestro que la sacara de la cueva; no sé si realmente la sacó, pero su llanto y sus gritos dejaron de oírse. Pocos minutos después, el maestro nos dio una vela y un espejo de un centímetro cuadrado, y la instrucción fue la siguiente: "Usen la vela y el espejo para reconocer el disfraz que tienen puesto, sin poner atención a los demás disfraces, ya que este ejercicio es para que se conozcan a ustedes mismos y no a los demás".

Posteriormente nos dio un espejo del tamaño de una moneda grande y repitió la misma instrucción. Poco a poco nos fue dando espejos más grandes, pero unos espejos eran cóncavos y otros convexos, o simplemente alabeados; incluso hubo espejos ahumados que reflejaban sólo algunas partes de la temporal personalidad, lo cual hacía más difícil reconocernos a nosotros mismos.

Hasta que llegó el momento en que el maestro nos permitió hablar, siempre y cuando él nos hiciera una pregunta. Previamente nos había asignado un número. En total éramos cuarenta, al menos ese fue el número mayor que le oí mencionar.

Cuando me permitió hablar sentí un gran alivio; me agradó mucho tener el don del habla y escuché satisfecho mi propia voz, ya que la cueva tiene un eco muy agradable. Después, el maestro nos explicó que esa cueva tiene la propiedad de rebotar el sonido con una frecuencia mayor, y que la energía sonora energiza todas nuestras células, por lo que podemos oír con todo el cuerpo.

En la cueva no hacía frío ni calor; no olía mal por nuestros excrementos, al contrario, el olor a incienso era grato, y aunque nunca sentí que alguna araña o serpiente se subiera a mi cuerpo, la desesperación de no poder ver nada, ni siquiera el rostro de mis compañeros, empezaba a mellar mi cordura. Gracias a que el maestro nos habló y nos tranquilizó platicándonos la historia del método, me serené y supe que estaba haciendo lo correcto, aunque fuera incómodo, molesto y desesperante. Entendí que quien quiera conocerse a sí mismo debe pasar tragos muy amargos, ya que no somos un dechado de virtudes, y el estar solo con uno mismo es tan desesperante que por ello uno busca siempre la compañía de alguna persona, o de la televisión cuando menos.

El maestro nos fue preguntando de las características de nuestro disfraz, incluyendo calzado y peluca. Cuando nos reconocimos, todos estábamos disfrazados de monstruos.

Aún no había comunicación entre los cuarenta participantes, cuando el maestro nos dijo: "Seleccionen a una pareja con la cual deseen casarse en su próxima vida". Nadie dijo nada, nadie se movió; todos estábamos monstruosos.

El maestro ordenó que se apagaran todas las velas. Cada uno tenía que platicar la historia de su nueva vida, con base en las tres preguntas iniciales, pero siempre hablando en presente, como si le estuviéramos robando al futuro el derecho a existir.

Hubo el caso de un compañero que nunca había tocado el violín pero decía: "Yo soy un gran violinista. Estoy dando conciertos en todo el mundo y tengo un grupo de cuerdas llamado Alma y Sonido".

El maestro también exigió que nuestras narraciones estuvieran llenas con lujo de detalles, como el color del violín, el tipo de vestimenta usada en los conciertos, la cantidad de auditorio, cuánto dinero ganábamos, en qué invertíamos nuestras ganancias.

Después de que todos escuchamos nuestras nuevas vidas, el maestro nos preguntó nuevamente con quién desearíamos casarnos, sin tomar en cuenta el sexo, ya que todos éramos monstruos y nuestras voces no definían el sexo del monstruo.

El gran violinista tuvo mucho éxito, ya que la mayoría lo eligió como su pareja, pues su nueva vida fue muy real, muy exitosa y llena de sentimientos. Cuando terminó de hablar, todos aplaudieron mucho tiempo, incluso varios compañeros lloraron y gritaron de la emoción. Cuando todo volvió a la calma, el maestro le dijo:

—Tu alma es la de un gran violinista. ¿Cuál ha sido el pretexto que has usado para no ser un músico exitoso?

El compañero le respondió:

—En la escuela nunca fui bueno para la música. Fue después de que me titulé cuando empecé a tomarle el gusto al violín, ya que tuve una novia que era violinista; pero en ese mismo año me heredaron un hotel y tuve que hacerme cargo de él, ya que yo soy contador y el hotel presentaba muchos errores administrativos, los cuales he sacado adelante, pero he tenido que dedicarles mucho tiempo, tanto que mi novia me dejó por no atenderla.

—¿Te has sentido pleno en esta actividad? —le preguntó el maestro.

—Al principio tuve muchas satisfacciones, pero después se volvió muy monótono y me empecé a sentir vacío.

En la actualidad, este compañero toca el violín en el restaurante de su hotel, y cada día toca mejor y administra mejor su hotel.

Casi todos los integrantes del grupo estamos en contacto y se han suscitado grandes historias. Dos parejas contrajeron matrimonio; otros se asociaron en un negocio ecologista que los unía en su nueva vida, y un doctor que se visualizó como un gran investigador, unió todas las medicinas alternativas e inaugurando un hospital escuela en Centroamérica, ya que esta zona del continente es muy rica en plantas medicinales.

—¿Qué aprendiste en tu nueva vida como médico holístico, comparada con tu vida anterior? —le preguntó el maestro.

—Actué sin miedo y me abrí a todas las posibilidades de sanar el cuerpo y el alma de mis pacientes, y con mucha humildad recurría a la sabiduría milenaria de mis ancestros.

En la actualidad, el doctor tiene una pequeña clínica donde aplica varias técnicas incluyendo todo lo que aprendió en este curso, con resultados muy rápidos y permanentes.

Hubo muchas historias que se hicieron realidad. Como la de los ecologistas, el cocinero, el ama de casa exitosa, la profesora que creó un nuevo método didáctico para nivel básico; un sanador, un constructor de fraccionamientos integrales para las grandes ciudades. Realmente ésta fue una gran lección para conocernos a nosotros mismos, partiendo del silencio y la oscuridad. Pues sólo quien calla y cierra los ojos puede ver y oír hacia adentro. Pero aquí todavía no termina la lección.

Después fuimos trasladados al hotel; cada uno en su cuarto y sin hablar. Nos llevaron los alimentos hasta nuestros cuartos para evitar hablar con el personal del hotel; han de haber creído que éramos mudos, ya que ni las gracias podíamos darles.

Fue un gran placer bañarme, comer con luz, dormir en una cama y poder sentarme en una taza de baño. Nunca había disfrutado tanto estas actividades a pesar de que llevo años haciéndolas. Pero lo que más me gustó fue quitarme el disfraz y observar mi cuerpo frente a un espejo grande y bien iluminado. Nunca lo había visto tan bello y lleno de luz.

Al día siguiente, muy temprano, nos llevaron con los ojos vendados al salón oscuro. El maestro y sus asistentes nos condujeron hasta nuestros lugares. La instrucción de no hablar seguía. El maestro nos dio la instrucción de quitarnos la venda, y poco a poco se fueron encendiendo todas las luces. Por primera vez vi los rostros de mis compañeros. El maestro también nos prohibió hacer alguna gesticulación o exclamación de asombro. Después nos dijo que señaláramos al violinista, al doctor, a la ama de casa exitosa, y así a cada uno de los cuarenta participantes. Los señalamientos resultaron muy divididos, pues era la primera vez que nos veíamos.

Había compañeros muy jóvenes y otros mayores. Muchos pensamos que el más joven y delgado era el deportista, pero no fue así; la mayoría de los participantes empezó a prejuzgar por las características físicas. Fue muy divertido no saber quién era quién y, al mismo tiempo, saber quienes éramos todos. Aunque ya nos conocíamos, no nos podíamos reconocer, sólo yo me conocía a mí mismo y reconocía al maestro. Todos los demás podrían ser cualquiera.

—Cierren los ojos —indicó el maestro—. Uno por uno va a decir quién es, e irá pasando para que todos lo toquen y puedan conocerlo con el tacto.

Después, el maestro nos dijo: "Abran los ojos y señalen al violinista, al doctor, al deportista, etcétera". Esta identificación fue más acertada, ya que nos basamos en el tamaño de la barba, el pelo o la estatura; sólo un compañero portaba un anillo y eso facilitó más su identificación. Luego, con los ojos abiertos, nos presentamos nuevamente.

El maestro volvió a darnos la instrucción de elegir pareja y los resultados fueron los mismos que cuando no nos conocíamos físicamente. Lo que nos unía era el sentimiento de la nueva vida y no el aspecto físico, que después se fue dando poco a poco, pues había una mujer muy atractiva que empezó a llamar la atención de solteros y casados.

Esta experiencia está llena de simbolismos de la vida del ser humano. Espero que poco a poco los vayas descubriendo, ya que cada quien le puede otorgar un diferente significado, que puede cambiar con tu conocimiento de la vida.

Sabiduría e Ignorancia

La segunda parte del curso estaba por iniciar. Como era un curso de sabiduría, yo insistí en que el maestro Joed Goran nos explicara por qué los sabios no resuelven los problemas de la humanidad, por qué trascienden los problemas; ¿acaso esto no es evadir una responsabilidad?

El maestro dijo:

—Voy a poner un ejemplo con un estudiante que está bien capacitado, se presenta a su examen final y lo trasciende. Él no ve en el examen un problema, ya que se adelanta al problema y sólo ve en el examen un requisito que tiene que cumplir para ganarse el derecho de que el próximo año le hagan otro examen de mayor conocimiento, y así él mismo reconocer de lo que es capaz.

El alumno que no ha estudiado no ve en el examen un problema: ve un problemón, y como no lo trasciende no tiene derecho de pasar al siguiente año escolar; pero sí al siguiente año cronológico de su vida, ya que él ha aprobado los exámenes necesarios para su supervivencia, y su vida le pondrá un examen diario para recordarle que es mejor capacitarse para vivir, que no capacitarse y conformarse con sobrevivir.

Por ejemplo, una persona que gana poco dinero, todos los días tiene su examen (problemón) cuando no le alcanza el dinero para lo que desea comprar, y es que esta persona no se ha capacitado, no es buen cocinero, no es buen contador, no es buen empleado, no es buen hijo, no es buen gerente; en pocas palabras, no lo hace o lo hace sin desear hacerlo.

Otro ejemplo es el de un obrero que asistía a todos los cursos de capacitación de la fábrica y todos los reprobaba, hasta que tomó la decisión de estudiar de nuevo la primaria y la secundaria; entonces, con bases sólidas entendió todos los cursos y logró ser jefe de su sección.

—Tu ejemplo está muy claro —le dije—, pero dame un ejemplo con un problema de la vida, como el de un estudiante que es atropellado por un automovilista borracho: ¿cómo va a trascender su problema? ¿Qué universidad te capacita para problemas como ser drogadicto, tener problemas con tu pareja, la enfermedad o muerte de algún ser querido?

—El que tiene el conocimiento se puede adelantar a los problemas y disolverlos, hasta el grado de que ya no sea un problema destructivo y lo pueda trascender fácilmente —dijo el maestro y continuó—. Los accidentes y las enfermedades se podrían disolver antes de que existieran, si todos aprendiéramos de todos, y todos sirviéramos a todos; entonces, en el mundo no existiría hambre ni guerras, accidentes ni enfermedades. Pero la mayoría ha decidido no estudiar, y menos vivir las enseñanzas de los grandes maestros, que han sido asesinados por las grandes masas de ignorantes y sus líderes.

—Entonces, para poder sobrevivir, ¿es mejor ser ignorante que maestro?

—Exactamente, has dicho una gran verdad.

Yo puse cara de desconcierto, ya que mi pregunta era irónica, y le pedí que me diera una explicación de eso.

—La vida es sabiduría e ignorancia al mismo tiempo —dijo él—, ya que la sabiduría nace cuando muere la ignorancia, y la ignorancia nace cuando muere la sabiduría. Es como el alumno que pasa del tercer grado al cuarto: gracias a que ya conoce todo lo del tercer grado, ignora todo lo del cuarto, y así sucesivamente hasta el día en que el estudiante decida no conocer más porque ya sabe lo necesario para su supervivencia. Por el contrario, las personas sabias no sobreviven, ellos viven en la plenitud, donde no existe miseria, enfermedades, accidentes ni guerras; viven en su mundo, por eso se dice que cada cabeza es un mundo, y que la casa de Dios tiene muchas moradas, ya que todos juntos creamos la realidad total, ya que todos somos uno. Pero cada quien tiene su casa, palacio o castillo donde vivir.

El diálogo continuó encarrilado:

—Si dices que en la vida de un sabio no hay guerras, ¿por qué Gandhi y Jesús fueron muertos por la agresión, que es realmente una guerra?

—Observa muy bien la vida de estos maestros, antes y después de su muerte física: nunca murieron; viven entre nosotros. La prueba es que tú los has mencionado varias veces, y el que los mató sí murió. Se murió de miedo mucho antes de fallecer. Por el contrario, el amor de los grandes maestros está en todo lugar, sólo tienes que abrir las puertas de tu corazón y cerrar los ojos. La oración requiere de estas dos condiciones, al menos en el principio del camino. Sólo el que tiene la capacidad de ver hacia adentro puede ver hacia fuera. Los grandes astrónomos mayas llegaron a conocer el movimiento de los planetas y las estrellas, ya que durante el día habitaban en cuevas muy obscuras, y cuando salían de noche a ver las estrellas su visión era más aguda, porque para ellos la noche era como el día. Dentro de la cueva oraban visualizándose como grandes científicos. Así fue como sucedió.

—Si los mayas eran tan sabios, ¿por qué hacían sacrificios humanos?

—Porque esta vida es de la dualidad, por lo tanto deben exis-tir sabios e ignorantes para que exista vida. Los sacrificios humanos no los realizaban los mayas sabios, sino los ignorantes. Ahora yo les pregunto: en la actualidad, ¿quién comete los sacrificios humanos, los asesinatos más despiadados?, ¿los sabios o los ignorantes?

—Entonces, ¿en este mundo no puede haber únicamente sabios?

—No. Nunca. Pero sí puede existir una humanidad que viva en la plenitud.

—¿Y qué es la plenitud?

—Es el gran conocimiento del servicio de la sabiduría y del servicio de la ignorancia. Es como conectar un foco al polo positivo y al polo negativo para que exista la luz. Con ese propósito se inventó el foco. Un foco que nunca se conecta al positivo y al negativo no existe en medio de la oscuridad; tiene que ser alumbrado por otro foco para poderlo distinguir en medio de la oscuridad. Así somos los humanos: unos estamos prendidos y otros apagados. Pero Dios nos dio el libre albedrío para conectarnos y desconectarnos cuando así lo decidamos nosotros mismos y nadie más. El don de elegir es el máximo don que Dios nos ha dado.

—Ya entendí. Si yo me capacito en la vida y domino el conocimiento, me puedo adelantar a cualquier problema, sin ningún temor a equivocarme, y si no tengo temor no tengo miedo y ya no veré los problemas como problemas, sino como un simple trámite; por esto mismo muchos sabios o intelectuales aseguran que el futuro de un país está en la educación de los niños.

—Eso es una gran verdad, pero la educación técnica es sólo el inicio de la sabiduría.

—¿En qué universidad enseñan sabiduría? Que me den un título de sabio para poder trascender mis problemas económicos, familiares, laborales y de salud, que me garanticen resultados y me den diez años de crédito para que, cuando yo sea un gran sabio, pueda trascender esa deuda económica y logre vivir en plenitud como tú lo dices. Además, otra pregunta, y dispénsame que sea tan sarcástico, pero ya he oído que muchos sabios, chamanes, sacerdotes y clarividentes tienen una vida desastrosa: dicen una cosa y actúan al contrario.

—En la actualidad hay muchas instituciones que estudian y enseñan la sabiduría; siempre han existido, pero no tienen muchos alumnos. Yo soy uno de esos alumnos. Y respecto al cobro de esas enseñanzas, es porque las instituciones tienen que ser autosustentables, ya que tienen nóminas muy grandes que pagar. Es cierto que la sabiduría es muy costosa, pero es más costosa la ignorancia. El objetivo de este curso es que aprendas el abc de tu vida. Conócete a ti mismo y conocerás el mundo. Conoce el mundo y conocerás el universo. Conoce el universo y conocerás a Dios. Conoce a Dios y te conocerás a ti mismo. Porque Dios te creó a su propia imagen y semejanza. Tú eres sabiduría e ignorancia, eres alfa y omega, eres el principio y el fin, eres uno con el todo y el todo es uno contigo. Todos somos uno.

"La finalidad de la vida es que por medio de la sabiduría que nace de la ignorancia, lleguemos a ver la unicidad del universo, para que nos sintamos plenos. Todos los caminos te llevan a la unidad. Por eso no es importante la meta, sino el camino y el vehículo que tú elijas para llegar a la meta.

"Si para llegar a la meta decides atravesar el desierto, consíguete un camello y aprende a cuidarlo; si decides atravesar el mar, cómprate un barco y aprende a navegar; si decides atravesar valles y montañas para disfrutar de tu caminar, procúrate un cuerpo fuerte y sano, y aprende a cuidarlo. Descansa cuando estés cansado, no antes. Come cuando tengas hambre, no antes. Toma agua sólo cuando tengas sed. No tomes vino, porque el vino marea y puedes tomar un camino equivocado, el de tus amigos, pues si tu vehículo es un camello, y ellos decidieron atravesar los pantanos para llegar a la meta, tu camello sólo te estorbará y decidirás abandonarlo; de repente te encontrarás solo, sin amigos, sin vehículo y en un camino desconocido, te sentirás extraviado y le echarás la culpa a tus amigos por haberte perdido, y cuando el dolor más te cale, te formarás un concepto aberrante de Dios y empezarás a pactar con el Diablo a través de la brujería, porque pensarás que te va mal porque la gente te tiene envidia.

—Está bien, ya entendí; ahora dime por qué Dios no hace caminos más planos y sin tantos obstáculos.

—Esos caminos, si existen, son caminos que se recorren muy rápido y son para las almas que eligieron tener una vida muy corta. El alma elige el camino y la mente elige el vehículo. Si en tu próxima vida eliges ser un violinista exitoso, tienes que trascender muchos exámenes. Si en tu vida no hay retos, tampoco habrá satisfacciones.

Por ejemplo, si un tenista no tuviera oponente no habría juego, por lo tanto no existiría vencido ni vencedor. El verdadero deportista cuando vence no se ufana de su triunfo. Por el contrario, le agradece al vencido por haber sido su oponente, para que él pueda ver que su verdadero éxito no fue vencer al rival, sino haberse vencido a sí mismo: vencer su propia pereza, sus vicios, sus malos hábitos, para ir a entrenar todos los días y así ser más apto en sus cualidades físicas, mentales y espirituales. Las *físicas* son el dominio de la técnica, las *mentales* son para fijarse nuevos retos y alcanzarlos, y las *espirituales* son el agradecimiento por ser exitoso. Recuerda, el que agradece todo merece.

El verdadero deportista cuando es vencido no siente el fracaso, lo trasciende y se prepara con más ahínco para su próximo juego. Si hubo errores, los corrige, tiene el valor de reconocerlos y la valentía para corregirlos, sin culpar a su entrenador, a la cancha, al arbitro, a la pelota, al público o a la prensa. Ya que no hay culpables en tus fracasos ni responsables de tus éxitos. Sólo tú eres el artesano de tus éxitos o fracasos, pero no existen éxitos o fracasos, sólo requisitos cumplidos y requisitos por cumplir para pasar al siguiente grado.

—Los griegos de la antigüedad decían "mente sana en cuerpo sano"; si estos sabios sabían lo que decían, ¿por qué muchos deportistas llegan a tener vidas tormentosas?

—Porque se ufanan de sus éxitos y nunca agradecen sus triunfos, y toda persona malagradecida paga un alto costo por sus éxitos anteriores. La vida nos da a manos llenas, pero si no agradecemos, nos quita a manos llenas. Ésta es una ley universal (Dios no arroja las perlas a los puercos).

—¿Qué opinión tienes del deporte profesional?

—Todo deporte profesional deja de ser deporte para convertirse en un negocio.

—De regreso al tema del camino y del vehículo, yo ya entendí lo del camino, pero ¿cuál es el vehículo en la vida real?

—El vehículo es tu profesión, pero para ejercer tu profesión necesitas tu cuerpo y tu mente. Para simplificar este curso diremos que el vehículo es tu profesión u oficio, o tu sustento.

—Entonces ¿el oficio de "pepenador" es un vehículo para llegar a la unicidad?

—Claro que sí, ya que es un oficio que mucho ayuda a la humanidad. Cuando la humanidad sea más consciente, más ecológica y ya no genere basura, ese oficio desaparecerá, ya que no le sirve a nadie. Y en este mundo si algo existe es porque es útil.

—¿Y qué pasa con el oficio de los que hacen abortos ilegales, también es un vehículo, también es útil a la sociedad?

—Pasa lo mismo que con el pepenador: cuando todos seamos conscientes y no solicitemos ese servicio, esa profesión desaparecerá. Recuerden que entre todos creamos nuestra realidad; si hay abortos ilegales y gente que viva de ello, es debido a que ellos son un reflejo de lo que somos y de lo que podemos dejar de ser. Esto es la ignorancia abortando a la sabiduría, pero podría ser la ignorancia dando a luz a la sabiduría, para que este oficio desaparezca. Y el servicio que nos da esta ignorancia es que cada vez que te enteres de un aborto ilegal reconozcas en ti lo que has abortado, como la basura que arrojas en lugares prohibidos, las colillas de los cigarros y basura que avientas desde tu automóvil. Muchas personas abortan todos los días su basura en lugares prohibidos y diario se sienten mal por sus acciones. Su propia conciencia los golpea (a toda acción corresponde una reacción), y esto origina un desequilibrio mental y físico (enfermedad), pero no hacen nada por remediar la situación, y es cuando se dice que muere la sabiduría para dar a luz a la ignorancia.

"Si de algún acto de tu ignorancia ha nacido tu sabiduría, bendita ignorancia, ya cumplió su misión y tu sabiduría te dará más de lo que creíste haber perdido."

—Entonces ¿la conciencia universal es creada por las actitudes de todos los individuos?

—Exactamente: así es y no puede ser de otra forma. Los que se dedican a hacer abortos ilegales son la materialización de los pensamientos y las acciones de todos los que hemos abortado ilegalmente algo, y esto abarca desde una bolsa de basura hasta un futuro bebé. Si todos tiramos basura, estamos creando la conciencia de la basura y el mundo será un basurero. Si todos barremos, estaremos creando la conciencia del barrendero y el mundo estará limpio.

—Pero ¿qué puedo hacer yo en un mundo de corrupción?

—Dejar de ser corrupto para que formes parte de la conciencia legal del mundo. Tú decides en qué conciencia vivir. Ahora yo te voy hacer una pregunta: ¿Ya puedo empezar a dar mi curso?

Me dio tanta pena con el maestro y con mis compañeros, que decidí guardar silencio por mucho tiempo. Pero tomé las preguntas de mis compañeros como si fueran las mías para escribir este libro en forma más simple.

¿Cómo funciona el ser humano?
¿Para qué funciona el ser humano?

Empezaré este curso diciéndoles que el ser humano es la unión de tres cuerpos: el cuerpo físico, el cuerpo mental y el cuerpo espiritual.

1. El cuerpo físico es toda la materia de la que está constituido el ser humano, o sea, es todo lo que tiene volumen, peso y masa.
2. El cuerpo mental es todo lo que el ser humano razona y siente, por esta razón decimos que el cuerpo mental está representado por la mente, y la mente está formada por el sentimiento y por el razonamiento.
3. El cuerpo espiritual está representado por el alma, y para poder definirla en forma muy sencilla, diremos que el alma es ese pedacito del gran espíritu universal que le toca a cada ser humano en forma muy individual. Y el alma es la representación del todo, no está limitada como el cuerpo físico por su volumen, masa o peso, y no está formada por dos partes como la mente, que es la unión del sentimiento y del razonamiento. El alma lo es todo en forma individual, es como una gota del mar que no es todo el mar pero que contiene las mismas propiedades del mar.

La representación gráfica del ser humano es la siguiente:

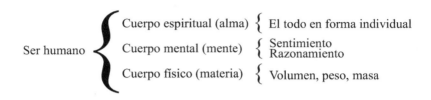

Para conocer el cuerpo humano desde el punto de vista científico, tenemos que dividirlo en aparatos (digestivo, respiratorio, etcétera) y sistemas (nervioso, muscular, etcétera), de acuerdo con sus *funciones;* éstos los subdividimos en órganos, divididos a su vez en tejidos, los tejidos en células, las células en moléculas y las moléculas en átomos, y el átomo en núcleo (protones y neutrones) y electrones; aunque existen partículas más pequeñas, hasta aquí llegaremos con nuestra división.

El éxito de la ciencia es que ya logró saber *cómo funcionan* los átomos, las moléculas, los genes de las plantas, de los animales y del hombre, gracias al gran descubrimiento del genoma humano, que es la fórmula o la clave para formar un cuerpo humano, así la ciencia ya tiene la capacidad de modificar la forma del cuerpo humano. Hasta aquí la ciencia ya cumplió con su cometido: *cómo funciona* el cuerpo humano.

Ahora la ciencia se pone un nuevo reto; para esto es necesario formular una nueva pregunta: *¿para qué funciona el ser humano?*

La respuesta más satisfactoria es: *para conocerse a sí mismo.* Pero mañana puede existir otra respuesta más satisfactoria que ya se vislumbra en los nuevos científicos, y es: *para crearse a sí mismo.*

Lo bueno de estas dos respuestas es que la primera no excluye a la segunda, y la segunda incluye a la primera.

La finalidad de este curso es que empieces a conocerte a ti mismo para que empieces a crearte a ti mismo, pero ahora en una forma consciente y responsable de tus acciones y de tus reacciones. Ya que cada quien es arquitecto de su propio destino.

De regreso al cuerpo físico, diremos que está hecho de átomos, y los átomos están constituidos por un núcleo y uno o varios electrones que giran alrededor del núcleo; por su parte, el núcleo está compuesto por protones y neutrones.

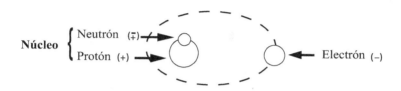

Como puedes ver, hasta aquí hemos dividido, hemos usado el razonamiento hasta el nivel atómico de nuestro cuerpo físico.

Para nuestro estudio utilizaremos la forma más simple del átomo, y diremos que el electrón (-) gira en una ruta circular alrededor del protón (+), y no abandona esta ruta porque existe una fuerza que lo mantiene unido al protón, llamada *fuerza centrípeta* o *fuerza uno* (F1).

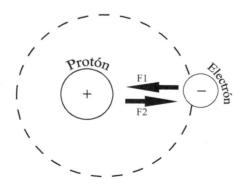

Existe además otra fuerza que impide que el electrón choque con el protón, que es la fuerza que separa a estos dos elementos y se llama *fuerza centrífuga* o *fuerza dos* (F2). En resumen, la fuerza uno une, y la fuerza dos separa en dos partes al átomo (ver el dibujo arriba de este párrafo).

Estas dos fuerzas luchan entre sí para desequilibrarse y volverse a equilibrar. Como resultado, el electrón gira alrededor del protón, pero ahora en forma elíptica, debido al desequilibrio y al equilibrio de F1 y F2.

Al desequilibrio y al equilibrio de F1 y F2 lo llamaremos *vibración*, y al resultado de esta vibración, o sea al movimiento del electrón alrededor del protón, lo llamaremos *armonía*.

Cuando dos o más átomos tienen la misma armonía forman una molécula; las moléculas en armonía forman células; las células tejidos y los tejidos órganos, sistemas y aparatos que forman al cuerpo humano que, al vibrar en la misma armonía con otros cuerpos humanos, forman familias y las familias, colonias y las colonias, naciones y las naciones, a la humanidad completa.

Así también es como se forma el Reino Mineral, el Reino Vegetal, y el Reino Animal, que al vibrar en la misma armonía forman el planeta Tierra, y varios planetas forman los sistemas solares, que a su vez forman las galaxias y las galaxias al Universo completo.

Por eso, la primera ley del conocimiento universal dice: "todos somos uno". La segunda ley dice: "como es arriba es abajo, como es adentro es afuera". O sea que el microcosmos y el macrocosmos son reflejo uno del otro, y el humano es la media, o sea, la mitad de todo, tanto en lo material como en lo mental y lo espiritual. Y es aquí donde se conceptualiza la ley del espejo que después estudiaremos, para conocernos a nosotros mismos y no tener que viajar al espacio para ver que la Tierra es un ser vivo y que la humanidad representa la mente de ese ser.

Como el universo está en expansión constante, el conocimiento, la sabiduría y la conciencia humana también están en expansión, es por esta razón por la que cada vez nacen más niños índigo y cristal; en pocas palabras, la humanidad sigue estando en armonía con el universo, pero la gran mayoría de los humanos no están conscientes de esto, porque apenas tuvimos la respuesta de *cómo funciona* el cuerpo humano, el microcosmos y el macrocosmos.

Si por algún motivo el humano destruyera al planeta Tierra, las consecuencias serían catastróficas en el macro y microcosmos, pero esto no va a suceder porque hay una conciencia universal que lo va a impedir. "Gracias a Dios."

En una forma muy simple hemos visto cómo funciona el cuerpo humano. Ahora veremos cómo funciona el ser humano en sí:

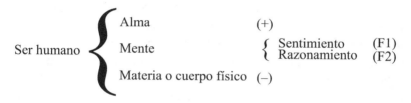

El alma es ese pedacito del gran espíritu universal que le tocó al ser humano.

El cuerpo humano es ese pedacito del gran material universal que le tocó al ser humano.

La mente es lo que une y separa al cuerpo del alma, ocasionando una vibración para que el ser humano se armonice con el universo material y espiritual.

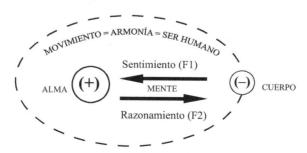

En la gráfica anterior observamos que el sentimiento es la fuerza 1, la que une al cuerpo con el alma, es de carácter femenino y todos la tenemos (hombres y mujeres).

El razonamiento es la fuerza 2, la que separa al cuerpo del alma, es de carácter masculino y todos la tenemos (hombres y mujeres).

Cuando el alma entra al huevo o cigoto para ver si todo está como lo planeó, nace la mente del nuevo ser. La mente se queda habitando en el nuevo ser dentro del vientre de la madre.

El alma vuelve a salir del vientre de la madre en numerosas ocasiones, y se queda en el cuerpo definitivamente cuando el bebé aspira por primera vez, entrando el alma por la boca; cuando el ser humano muere, expira, y el alma sale por la boca para regresar al gran espíritu universal, o sea con Dios. Nunca se va al Infierno porque el Infierno no existe, sólo existe en la mente de quien así lo acepta. Y lo que la mente acepta, lo crea, convirtiéndolo en una realidad para su propio creador y para todos los que compartan esta creencia. Pero en todo el universo no hay un lugar asignado para el Infierno, ya que éste sólo existe en la mente de los que ignoran la verdad, pues sólo la verdad nos hace libres de todas nuestras creencias.

En conclusión, toda alma regresa a casa, al gran espíritu universal, a Dios. "Gracias a Dios."

Cuando el ser humano muere, su cuerpo físico también se va a casa, o sea a la tierra.

Si observas a un bebé al nacer, su cuerpo está compuesto de abundante agua, y conforme crece va perdiendo agua. En cambio, en la vejez, el porcentaje de agua es mínimo, y cuando una persona muere, la deshidratación se acelera, quedando únicamente polvo; por eso se dice: "polvo eres y en polvo te convertirás".

—Si el Infierno no existe, entonces ¿por qué le tenemos tanto miedo a la muerte?

—En el mundo de la ignorancia le tememos mucho a la muerte por el desconocimiento de la verdad, pero le tememos más a la vida porque vivimos en la incertidumbre, porque no conocemos nuestro propio camino. La muerte no es un problema, es sólo un trámite para llegar a un conocimiento mayor, siempre y cuando hayamos aprendido la lección de nuestra vida y no salgamos huyendo del examen.

Recuerden bien que la ignorancia genera miedos, y quien vive en el miedo vive en un infierno de todos los diablos.

—Si no existe el Infierno ni existe el Diablo, ¿entonces tampoco existe el demonio?

—Exacto.

—¿Entonces quién tentó a Jesús cuando estaba orando?

—En un estado de oración como lo tuvo Jesús, él pudo ascender a lo más alto que puede ascender la mente humana, guiada por el alma e impulsada por la fuerza 1 (sentimiento). Cuando su mente retornó a su cuerpo, la fuerza 2 (razonamiento) se reactivó para equilibrar a la fuerza 1, y fue la fuerza 2 quien le dijo: "Todo lo que has visto y has aprendido lo puedes usar en tu propio beneficio". Recuerden que la fuerza 2 es la que separa, es el razonamiento frío. Gracias a Dios, Jesús tuvo dos opciones, tuvo el don de elegir y su decisión fue usar su conocimiento para servir a la humanidad; y gracias a Dios, Jesús usó nuevamente la fuerza 1 (el sentimiento que une todo) para volver a equilibrar a la fuerza 2. Por lo tanto, si existe un demonio, mejor llamémoslo F2, y si existe un ángel guardián llamémosle F1, para simplificar nuestros Conceptos.

—¿Entonces sí existe el demonio F2?

—Sólo dentro de nuestra mente, y es el razonamiento, la ciencia que separa todo para conocerlo.

Por eso Dios le dijo al hombre: "No comas de este árbol que es el árbol de la ciencia". La ciencia es el camino más largo para conocer a Dios. Pero cuando el ser humano espiritualiza la ciencia, espiritualiza su conocimiento y espiritualiza su razonamiento; es cuando se une el polo positivo con el polo negativo para que se haga la luz, es cuando el ser humano se ilumina y ya jamás muere, como nunca han muerto todos los seres iluminados. En conclusión, les puedo decir que el camino espiritual es el camino más corto para conocer a Dios y a ti mismo.

—Y si Jesús hubiera elegido la otra opción, ¿qué hubiera pasado?

—Hubiera nacido Hitler antes de tiempo; él usó el razonamiento y le puso poca atención al sentimiento. Cada quien es libre de elegir su propio camino.

—¿Quién elige el sexo de un nuevo bebe: el alma, la mente o el cuerpo físico?

—Todo lo que caracteriza al cuerpo físico es la manifestación del alma en este mundo de la dualidad, pero el alma no puede gobernar al cuerpo si no interviene la mente, ya que la mente une el alma con el cuerpo físico. Cuando la mente nace y habita en el nuevo ser, tiene que tomar una decisión para nacer en este mundo de la dualidad. Y cuando la mente ya tomó la decisión, el cuerpo que apenas se está formando se adapta a la decisión de la mente. Por eso muchos maestros en la India dicen: "Cuando la mente lo acepta el cuerpo se adapta".

Hay muchos maestros que dominan su mente para después dominar su cuerpo y eliminar el dolor, el frío, el hambre, el calor, las enfermedades, etcétera. En sí son realizadores de grandes milagros, pero como estos milagros no son televisados, la mayor parte de la humanidad no los conoce o su mente no los acepta, porque dicen "es mucha belleza para ser realidad".

A estos hombres incrédulos, Jesús les llamó hombres de poca fe.

El hombre que le pone más atención al razonamiento que al sentimiento se "atomasa", o sea, va por la vida predicando "hasta no ver no creer". Pero con la vista física el hombre no podrá ver más allá de la realidad dualista en que sobrevive en este mundo. Esto no quiere decir que la dualidad sea mala, por el contrario, es un proceso por el cual pasa la unidad para conocerse a sí misma, dividiéndose en dos partes iguales, pero al mismo tiempo opuestas y complementarias. Para después volver a unirse mediante el conocimiento consciente y el propósito del sentimiento de volver a ser uno.

Por esta razón existen hombre y mujer, frío y calor, rico y pobre, día y noche, conocimiento e ignorancia, blanco y negro, positivo y negativo, dolor y placer, yin y yang.

El pueblo náhuatl planteaba el dualismo a través del concepto *omeyotl* (*ome*, "dos"-*yotl*, "creación"). Esta filosofía dice que todo lo que existe (hombre, naturaleza y cosmos) fue creado por dos fuerzas correspondientes y contrarias, y nada se puede concebir por una sola fuerza; sólo quien puede trascender el Omeyocan (mansión de la dualidad donde todo se crea) puede ver la unidad, la totalidad o la plenitud, donde no falta ni sobra nada en todo lo creado.

—La filosofía del yin y el yang es milenaria, ¿es una filosofía vigente o es una filosofía obsoleta?

—Esta filosofía en muy vigente porque habla de la verdad; lo que cambia son los métodos para trasmitir el conocimiento.

Antes, el conocimiento se trasmitía en forma oral; después, en oral y escrita. En la actualidad es oral, escrita y en forma electrónica, usando las telecomunicaciones que antes no existían, pero que el hombre creó para su servicio, y el individuo elige el uso que le quiera dar, autoconstructivo o autodestructivo.

El espejo cortado

A continuación veremos un método más antiguo que el yin y el yang. Para ejemplificarlo usaremos un espejo cortado con una máquina láser. Este método se llama, precisamente, el Espejo Cortado.

Si ustedes fueran un espejo y a su alrededor no existiera nada, ni siquiera un pedacito de espejo, ¿cómo podrían conocerse a sí mismos? La única forma posible es partiéndose en dos partes iguales y poniéndose una parte frente a la otra para poder observarse mutuamente.

—Si no hay nada alrededor, tampoco va a existir un martillo para partirse en dos.

—Muy buena observación. No hay nada, sólo existe el vacío a su alrededor, pero ustedes son un espejo y tienen la voluntad de conocerse a sí mismos, y la voluntad es esa gran herramienta que hará con ustedes lo que ustedes quieran hacer de sí mismos. Entonces, usando su voluntad se dividen en dos partes iguales (ver figuras 1 y 2).

Figura 1

Figura 2

—No veo que las partes sean iguales.

—Primero separa las dos partes... (ver figura 3)

Figura 3

... ahora voltea de abajo hacia arriba la parte derecha... (como se indica en la figura 4 para obtener la figura 5)

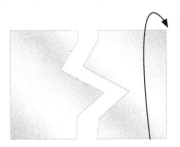 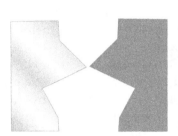

Figura 4   Figura 5

... gira nuevamente la misma pieza pero ahora de derecha a izquierda (como se indica en la figura 6 para obtener la figura 7).

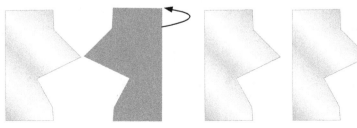

Figura 6   Figura 7

En la figura 1 vemos la unidad.

En la figura 5 vemos la dualidad, vemos dos partes opuestas en forma y en color, una es la parte brillante y la otra es la parte oscura del espejo.

En la figura 7 ya vemos las dos partes iguales en forma y en color, y en la figura 2 vemos que las dos partes también son complementarias.

Personificando la figura 3, vemos que:

— Te conozco y me veo en ti.
—¿Quieres ser mi pareja?

—Yo también.
—Claro que sí; tu parte picuda me atrae y siento que debe estar dentro de mí.

—A mi también me atraen tus quiebres.
—Tú también y tienes un lado brillante.

—Tienes un lado oscuro.

—Tú también. Creo que debemos unirnos para completarnos.

—Yo también creo. Cuídame, soy muy frágil.

—Yo también.

En resumen, el nuevo ser debe tomar la decisión de ser hombre o mujer para nacer en este mundo bipolar, para encontrar su parte igual, opuesta y complementaria para conocerse a sí mismo. Esto no quiere decir que forzosamente tenga que casarse, ya que su otra parte la puede encontrar de diferentes formas, y siempre ha existido, desde el nacimiento hasta la muerte.

—¿Y qué pasa con los homosexuales?

—Ellos van a tener un sexo dominante, independientemente de lo que les llame más la atención.

El ejemplo del espejo cortado lo he recreado para ilustrar el matrimonio entre el alma y el cuerpo humano, que se inicia con el nacimiento y termina hasta que la muerte los separa, ya que cuerpo y alma regresan cada uno a su propia casa.

En el matrimonio de cuerpo y alma hay tantos conflictos como en el matrimonio de hombre y mujer, porque la F2 retira al cuerpo del alma para que viva los placeres mundanos, mientras la F1 junta el cuerpo con el alma para que ésta lo recoja en su vientre, y pueda el cuerpo vivir los sentimientos espirituales. Recuerden: "Como es adentro es afuera".

Los sabios de la Grecia antigua y la gran Biblia

¿Por qué los grandes sabios de la Grecia antigua decían que el hombre está hecho de fuego, aire, tierra y agua, y la Biblia dice que Dios hizo al hombre de barro?

¿Por qué Dios hizo primero a Adán y luego a Eva?, ¿por qué no los hizo al mismo tiempo, como sucedió con el espejo cortado?

—Estos grandes maestros, al conocerse a sí mismos, pudieron equilibrar sus emociones y así llegaron al sentimiento de la inspiración, que es donde el ser humano respira el conocimiento universal y lo manifiesta en cualquiera de sus siete áreas de la vida. Fueron los artífices de las ciencias exactas y sociales, y también de las bellas artes de la cultura occidental; sus aportaciones aún están vigentes. Estos grandes sabios tenían el don de observar sin juzgar, y esto es apreciar.

—Pero apreciar es admirar a algo o a alguien, y eso es ponerse por debajo de lo que yo admiro. Cuando yo desprecio algo me estoy poniendo encima de lo que desprecio, y eso es juzgar.

—Cuando nos ponemos por encima o por debajo de algo o de alguien, sí estamos juzgando. Pero apreciar es admirar, y admirar es sorprenderse de algo o alguien porque descubres algo en él; descubrir algo es aprender, y aprender es apreciar.

Por ejemplo, Luis Pasteur apreció los microorganismos, aprendió de ellos y descubrió la vacuna contra la rabia.

También Cristóbal Colón apreció la curvatura de la Tierra y descubrió América, aunque no era lo que buscaba, él mismo se sorprendió de su descubrimiento. Por eso se dice que la vida es una constante sorpresa, pero lo mejor es que te sorprendas al descubrir tus talentos, tus virtudes, tus valores, tus dones, tu herencia, tu legado, tu fortuna, tu valía y tu misión en este mundo y en el Universo.

Vuelvo a la pregunta de por qué los sabios griegos decían que el ser humano es fuego, aire, agua y tierra.

Ellos apreciaron que el ser humano se alimenta de plantas y animales. Los animales se alimentan de plantas y las plantas se alimentan de la tierra, sólo si la tierra tiene suficiente agua; por lo tanto las plantas, los animales y el ser humano se alimentan de tierra y agua, o sea, de barro.

Cuando el bebé nace, lo primero que hace es inspirar para iniciar su vida independiente de su madre, pues el cordón umbilical ha sido cortado; entonces es cuando F2 actúa, separando al bebé de su madre. Ocurre entonces una pequeña crisis, pero F1 actúa rápidamente para armonizar la vida, y es cuando la madre toma al hijo entre sus brazos y lo amamanta. Si F1 no actuara, el bebé moriría de frío, hambre o deshidratación.

Gracias a Dios, en la inmensa mayoría de los nacimientos siempre aparece un F1.

Cuando el bebé inspira, su alma entra a su cuerpo. El alma es ese pedacito de Dios que va a vivir en el nuevo ser humano. Es el soplo divino representado por el aire que entra a los pulmones por primera vez, y cada una de las veces que respiramos entra la vida a nosotros. El aire es una de las cuatro energías divinas. *Divino* quiere decir que da vida. Pero estamos tan acostumbrados al aire, que sólo lo apreciamos cuando por algún accidente o enfermedad no lo podemos introducir a nuestro ser.

Cuando el alma y el cuerpo ya están juntos, empiezan a vibrar gracias a las fuerzas 1 y 2 (inhalar y exhalar), y la vibración genera calor y el calor es el producto del fuego.

Cuando el ser humano muere, el alma regresa a casa y es cuando el cuerpo se enfría, porque la vibración dejó de existir. Por lo anterior, los antiguos sabios llegaron a la conclusión de que el ser humano está formado por las cuatro energías divinas: fuego, aire, agua, y tierra.

—¿Podríamos decir que el fuego también está representado por la luz solar que alimenta a las plantas?

—Exactamente. La energía solar (luz y calor) es esencial para la vida de las plantas, los animales y los seres humanos.

Los griegos usaban la helioterapia para sanar muchas enfermedades, además recomendaban baños de sol al aire libre, baños de agua (hidroterapia) y baños de lodo, así como caminatas sobre tierra o arena seca, que son los cuatro elementos de la vida.

—¿Qué es la helioterapia?

—Es sanar al cuerpo con exposiciones al sol, en forma metódica y con mucho conocimiento, ya que cuando una energía no se sabe usar, puede provocar cortos circuitos en todo el organismo.

—¿Por qué los teotihuacanos adoraban al Sol como si fuera un Dios?

—Eso lo veremos más adelante. Lo que te puedo decir ahora es que en todas las religiones el fuego es el símbolo de Dios, del amor incondicional y del sol dador de vida, y no símbolo del infierno, como lo creen los que hasta hoy no han aprendido que el amor incondicional lo permea todo. Recuerden: el Bien y el Mal sólo existen en el razonamiento, o sea, en las personas que sólo le ponen atención a la fuerza 2, porque ellos desean separar todo; desean analizar la vida desde un estado de pérdidas y ganancias. Pero si también le ponen atención a la fuerza 1, volverán a unir todo y podrán apreciar la armonía y vivir en la unicidad y en la plenitud.

El gran error de algunos religiosos que se separan de otros religiosos es que sólo le ponen atención a las diferencias, y no saben que las diferencias no son para separar, sino para enriquecer nuestro conocimiento de Dios. La magnificencia de Dios no la puede concebir un solo hombre, por eso hay tantas religiones, porque cada una es tan sólo un pequeño matiz de toda la gloria de Dios.

Si las diferencias únicamente nos separaran, entonces lo masculino rechazaría a lo femenino y la creación llegaría a su fin.

Recuerden: para que exista la armonía deben existir dos partes iguales, opuestas y complementarias. Cuando los religiosos pongan atención en lo igual y complementario, estarán también usando a F1, y F1 + F2 = *armonía*.

La armonía es el fin del conflicto, es el fin de la guerra.

Todas las guerras del mundo nacen del miedo y el miedo nace de la ignorancia.

—¿Algún día se terminará el conflicto entre las religiones?

—Entre las religiones no hay conflictos; todas están unidas por la verdad, pero cada religión es un color del arco iris; cuando se unen todos los colores surge la luz blanca. Todo lo que ves en el mundo material simboliza el mundo espiritual.

—Entonces, ¿por qué hay guerras santas y conflictos entre miembros de una misma familia, que pertenecen a diferentes religiones, como católicos y cristianos?

—Un católico nunca atacará a un cristiano. Pero un mal católico sí atacará a un mal cristiano, porque usan la ley del espejo y uno ve en el otro la ignorancia, porque él es más ignorante que su adversario.

Un buen católico y un buen cristiano no juzgan ni arrojan la primera piedra a sus semejantes. Recuerden: los conflictos sólo son de los ignorantes. Son de los que creen en Dios, pero pactan con su propio diablo. Y muy su propio diablo.

—Yo considero a Juan Pablo II un buen católico y, sin embargo, atentaron contra él.

—Efectivamente, fue atacado por un ignorante, pero él no se sintió agredido, y el conflicto terminó más rápido de lo que los ignorantes pensaron y especularon.

—¿Los conflictos matrimoniales son debidos a la ignorancia de alguno de los cónyuges?

—No, son originados por la ignorancia de los dos cónyuges, que a su vez heredan esta ignorancia (agresión) a sus hijos.

—Entonces ¿por qué existen conflictos en matrimonios donde los dos cónyuges son instruidos, son conferencistas, son intelectuales, incluso guías espirituales?

—El conflicto en estos matrimonios, y en cualquier matrimonio del mundo, es que ambos cónyuges ignoran una sola cosa: otorgarse a sí mismos el don de la libertad. Piensan que por ser una pareja, el uno pertenece al otro, segando su propia libertad. Y la libertad es el primer derecho del ser humano y de su entorno, llámese pareja, familia y amigos, o país.

A continuación voy a contarles un cuento que habla sobre esto.

Había una vez un gran sabio griego que usaba las leyes de la naturaleza para que sus alumnos las descubrieran por sí mismos. El nombre de este sabio se pierde en la historia porque nunca usó libros ni cuadernos, ni plumas para escribir y transmitir su conocimiento, él sólo usó el poder de la palabra.

El sabio les dijo a sus tres alumnos: "Cada uno de ustedes vaya a la montaña y traiga una pareja de animales. La que ustedes quieran".

Cuando los alumnos regresaron con sus parejas de animales, el sabio le dijo al primer alumno: "Pon en jaulas separadas a cada animal de tu pareja, aliméntalos y obsérvalos durante un año".

Al segundo alumno le dijo: "Ata a tu pareja de animales entre ellos mismos, uniendo las patas del uno con las del otro de modo que no puedan separarse, dales de comer y obsérvalos durante un año".

Al tercer alumno le dijo: "Pon a tu pareja en libertad, aliméntalos y obsérvalos durante un año".

Al cumplirse exactamente el año, el sabio le preguntó al primer alumno:

—¿Qué observaste?

—Han engordado, pero se ven tristes y enfermos.

—¿Y han tenido crías? —preguntó el sabio.

—Eso es imposible, ya que están separados.

—¿Y tú qué observaste? —le preguntó al segundo alumno.

—Como los até muy bien, ellos trataron de separarse, y en su intento se hicieron daño mutuamente, quedando mal heridos; el olor de su sangre atrajo a los depredadores y fueron presa fácil, los devoraron ya que les fue imposible huir del peligro.

El sabio repitió la pregunta al tercer alumno y aquél le respondió:

—Nunca se alimentaron con la comida que yo les proporcionaba, ya que ellos mismos procuraban su alimentación.

—¿Y han tenido crías?

—Sí, y entre los dos las alimentan.

—¿Y qué más observaste?

—Que mientras uno se ausenta, el otro se queda, y alimenta a sus críos y después se alimenta él mismo. En la noche duermen juntos y en el día se separan, como si el frío de la noche los uniera y el calor del sol los separara.

—Lo que los une es la oscuridad y lo que los separa es la luz —afirmó el sabio.

—Pero debería de ser al revés —replicó el alumno, ya que la luz es conocimiento y el conocimiento une.

—Muy bien —dijo el sabio—. El verdadero conocimiento une y te da la libertad. No todo el día están apareándose, ¿verdad? —dijo el sabio sonriendo y se retiró exclamando—: "La naturaleza es sabia, sólo apréciala".

Resumiendo la sabiduría de este cuento, podemos decir que si separamos a una pareja (F2), ésta se entristece, se enferma y no son productivos de manera individual. Si unimos a una pareja sin que pueda separarse (F1), se dañan mutuamente, se hacen heridas de gravedad al buscar su propia libertad, y ya heridos, se vuelven presa fácil de cualquier depredador.

La fórmula de una vida plena, libre y armónica en cualquier relación de pareja es la interacción proporcionada de F1 y F2. Y cuando digo *pareja*, me refiero a todo lo masculino y femenino del universo, llámese hombre y mujer, cuerpo y alma, electrón y protón, soles y planetas; todos somos iguales, opuestos y complementarios, y vibramos en una sola armonía universal, ya que todos somos uno, pues todo está hecho a imagen y semejanza de Dios, y a Dios no se le escapa nada.

> Dios no juega a los dados.
>
> Albert Einstein

—Si todos vibramos en armonía, ¿por qué sufrimos los humanos?

—Ninguna pareja de animales se ata o se enjaula, pero algunas personas sí se enjaulan en sus creencias y se atan a sus apegos. Sólo las parejas humanas se enjaulan en sus celos sentimentales, profesionales y sociales; su comportamiento es igual de agresivo que el de un animal salvaje enjaulado. Algunos otros se atan a su pareja con un embarazo no deseado, o pensando que sus apegos son amor ("yo no puedo vivir sin ti"), pero el verdadero amor es conocer a tu pareja y darle la libertad.

Dale la libertad a tu pareja y serás libre.

Dale la libertad a tu ser y serás libre de ser, hacer y tener lo que tú más ames en esta vida.

El ser libre te libera del cigarro, del alcohol, las drogas, el resentimiento, el sufrimiento, la enfermedad, el miedo, los celos, las pasiones y las obsesiones.

De vuelta a la cuestión de por qué primero Adán y luego Eva, el Génesis dice que Dios formó el cielo y la tierra y los separó, o sea, que separó lo material de lo espiritual usando la fuerza 2. También dice que aún no había vida en la tierra cuando tomó barro y formó a Adán, o sea, un muñeco de barro sin vida, hecho sólo de materia y F2. Para conciliar la materia y el espíritu, Dios le dio el soplo divino al muñequito de barro, metiéndole el alma y usando la tuerza uno para unir cuerpo y alma. A partir de ese momento Adán ya tiene vida propia, y es aquí donde el espejo completo representa a Adán como un todo, con sexos opuestos pero no separados.

Ya que Adán tenía vida, Dios le sacó una costilla para formar a Eva. En otras palabras, cortó el espejo en dos partes iguales, opuestas y complementarias.

Si observan, Adán fue hecho inicialmente de materia y F2, por esta razón, la característica masculina del ser humano es materialista, razonadora y científica. Lo que más le interesa al hombre es saber cómo funciona: cómo funciona su auto y aprender a repararlo y a diseñar autos cada día mejores.

A la mujer no le interesa cómo funciona su auto, sino para qué funciona. A ella le interesa más que la lleve con comodidad de un lugar a otro. Como Eva (lo femenino del ser humano) nació de un ser con vida, le pone más atención a la fuerza 1, al sentimiento; por eso es más sentimental, más espiritual y más conciliadora, y es la encargada de procrear más vida. Ahora es ella quien le arranca al hombre un pedazo de su carne (espermatozoide) para crear un nuevo ser a imagen y semejanza de él y de ella, y una vez más reconciliar lo masculino y lo femenino en el nuevo ser.

Muchos espermatozoides tratan de penetrar el óvulo, pero el óvulo selecciona sólo a uno, se abre y lo acoge dentro de su ser. Asimismo, la mujer tiene muchos pretendientes pero selecciona sólo a uno para abrirse y acogerlo dentro de su ser con mucho amor. Por eso se dice: "como es adentro es afuera, como es arriba es abajo". Los átomos y los sistemas solares funcionan igual: un átomo acoge a otro átomo para formar las moléculas, y un sistema solar acoge a otro sistema solar para formar las galaxias. Por eso cuando uno se conoce a sí mismo, conoce a todo el universo; todo funciona con dos partes iguales, opuestas y complementarias, y con dos fuerzas iguales, opuestas y complementarias, y al colapsarse una con la otra nace una nueva fuerza (F3) para formar la divina trinidad o el yin, el yang y el tao; el positivo, el negativo y el neutro; el frío, el calor y lo tibio; blanco, negro y gris; electrón, protón y neutrón; sonido, silencio y ritmo.

En la actualidad hay muchos sabios exclamando: "Observa la naturaleza, no la juzgues, no la destruyas. Vive en armonía con ella y será tu más grande proveedor".

Si observas la sociedad moderna, que también es parte de la naturaleza, verás que la mujer incursiona cada día más en los campos laborales que creíamos eran sólo de los hombres, y lo mismo pasa con los hombres: cada día se ocupan más de las labores del hogar, esto quiere decir que las fuerzas F1 y F2 de la humanidad se están equilibrando, ya que la humanidad ha sufrido un gran desequilibrio con la cultura del consumismo y la drogadicción, y algo debe de equilibrar esta desarmonía; lo mismo está pasando con la ciencia y la religión, que desde que el gran genio Albert Einstein pudo traspasar lo científico para visualizar lo espiritual, logró la unicidad. Así llegó a ver la inteligencia universal que lo mueve todo, y fue cuando aseguró que Dios no juega a los dados.

Todas estas reconciliaciones traerán grandes cambios a la humanidad, para su crecimiento físico, mental y espiritual. Posiblemente, el crecimiento de estatura se detenga y hasta pueda decrecer, pero el crecimiento físico al que me refiero es al crecimiento de la eficiencia de cuerpo humano, o sea, que comeremos menos y viviremos más. Nos enfermaremos menos y trabajaremos con más eficiencia, trabajaremos menos y obtendremos más. Nos pelearemos menos y nos conoceremos más, y todas las naciones se unirán, ya que F1 unirá todo lo que esté separado.

Si comemos menos y más nutritivo, seremos más sanos y bellos, como los ángeles. Los cambios positivos en los hábitos alimenticios y el desarrollo de nuevas ciencias ecológicas son también una gran señal para los que pueden ver más allá del miedo.

No hay mal que por bien no venga.

Sabiduría popular

Tu alma es una radiodifusora

Empezaremos a hablar un poco del alma, aunque no hay mucho qué decir, pues el alma lo es todo. Es esa partecita del gran espíritu universal. Es ese pedacito de Dios que alberga tu mente, y tu mente alberga tu cuerpo.

Tu alma es la guía y el sustento de tu mente. Es la proveedora del pan de cada día para tu mente. Gracias a tu alma, tu mente tiene grandes ideas para que realices tus más elevados sueños, pues tu alma sí sabe lo que veniste a hacer en este mundo; pero no sabe cómo hacerlo, ya que ella no puede ver la dualidad de este mundo. Por lo tanto, tu mente se tiene que capacitar para hacerlo realidad usando el razonamiento dualista y el sentimiento unicista.

Gracias a la mente, que es la que gobierna y provee al cuerpo con el pan de cada día, que son las emociones (energía), y gracias a esta energía que mueve las manos y los pies, hemos aprendido y almacenado en el cerebro muchas cosas. Desde antes que naciéramos y después de nuestro nacimiento, aprendimos lo que es frío, lo que es caliente, lo áspero y lo liso, luz y oscuridad, positivo y negativo; hemos aprendido que existe el equilibrio y el desequilibrio, y cuando aprendimos a controlar estos opuestos, nos sorprendimos con nuestro caminar, nos llenábamos de regocijo cuando dábamos nuestros primeros pasos. Pero la alegría de caminar ya la hemos olvidado. Lamentablemente, en la actualidad, nos molesta tanto caminar que usamos el automóvil para todo, sin importarnos el daño que le hacemos al medio ambiente y a nosotros mismos. Pero hoy es el mejor tiempo para recordar la alegría de cuando éramos niños.

Cuando aprendimos a controlar el frío y el calor, aprendimos a cocinar nuestros alimentos para darles ese punto en el sabor que tanto nos agrada. Aprendimos a leer y a escribir, gracias a que existen la tinta negra y el papel blanco. Aprendimos a andar en bicicleta, gracias a que toda acción (pedalazo) tiene una reacción (desplazamiento).

Aprendimos a sembrar. Sabemos que la semilla tiene que morir para que nazca un árbol que a su vez nos dará miles de semillas, y con esto aprendimos que la vida es abundancia, siempre y cuando sembremos una semilla, la cuidemos y la reguemos. Cuántos arboles hemos sembrado y se han secado por un pequeño descuido; así también los sueños, que son la semilla de la abundancia, se secan cuando dejamos de soñar.

Hasta el día de hoy hemos acumulado gran cantidad de aquellos conocimientos que nos mantienen vivos. Gracias a que sabemos que un veneno nos puede matar, no lo ingerimos. Gracias a que sabemos que el alcohol y el volante nos pueden matar, no manejamos borrachos. ¡Oh, sí! Este acto de irresponsabilidad es porque la mente está anestesiada (aislada) y no hace buen contacto entre el alma y el cuerpo.

Y el alma y cuerpo quieren retornar cada uno a su casa.

Todos los conocimientos que hemos acumulado y que hemos aprendido en la casa, en la escuela, en el trabajo, en la sociedad, nos van a servir para realizar nuestro más elevado sueño.

—Si yo sé caminar, cocinar, leer y escribir, andar en bicicleta, sé usar el teléfono y la computadora, ¿cómo me van a servir esos conocimientos para realizar mi gran sueño como cantante de ópera?

—Una respuesta rápida sería que te imaginaras a una cantante de ópera que no supiera caminar, leer, escribir, andar en bicicleta, que no supiera hacer todo lo que tú ya sabes, ¿sería posible que fuera una cantante de ópera exitosa?

Todo aprendizaje activa las facultades de nuestra mente, como el análisis, la comparación, el discernimiento, la memoria, la imaginación, la voluntad, la concentración, la creatividad, etcétera. Entre más aprendizaje acumulemos, estas facultades se desarrollan más. Todas ellas son nuestra más valiosa herramienta para los nuevos aprendizajes. La mente y el cerebro son como una computadora, mientras más información tengan, más eficientes serán, pues toda información es valiosa, por más sencilla que nos parezca.

Si la computadora no sabe que 1 + 1 = 2, procesará resultados inciertos; gracias a que nosotros sabemos que 1 + 1 = 2, podemos comprar y vender sin contratiempos, y con la certeza de que estamos actuando justamente.

En conclusión, les puedo decir que todos sus conocimientos sirven, ya que en esta vida no hay desperdicios. Todo sirve para el razonamiento, sea bueno o malo; todo sirve y todo nos conduce hacia la senda que nos llevará a nuestro destino.

Sólo hay que sintonizarnos con nuestra alma, que es nuestro verdadero ser, pues el cuerpo es sólo el vehículo que utilizaremos, siempre y cuando no lo descuidemos y le demos un mantenimiento preventivo: buenos alimentos, buena agua, buen aire, buenas visiones, buenas audiciones y buenas ideas, y no un mantenimiento correctivo (hospitales y medicina).

Si llegamos a enfermar, hay que tomar los medicamentos en forma constante y con mucha fe, y sanaremos. Si los tomamos sin fe, el medicamento únicamente nos quitará los síntomas, y la enfermedad se irá a otra parte del cuerpo para decirnos lo mismo de siempre: "Cuídame, dame buenos alimentos, buena agua, buen aire por medio de las caminatas".

No es necesario que corras, ya que el cuerpo humano está diseñado para caminar. Es una máquina caminadora por excelencia, ¿o está hecha para volar? Entonces, ¿por qué nos ponemos por encima de los demás? ¿O está hecha para arrastrarnos?

Entonces, ¿por qué nos ponemos por debajo de los demás si todos somos *Homo sapiens*?

Con un radio AM/FM voy a ilustrar cómo se sintonizan el cuerpo, la mente y el alma.

El cuerpo es el radio AM/FM que está hecho con materia densa, por eso es muy pesado, pero esto no quiere decir que no sea perfecto, ya que cumple satisfactoriamente con el propósito del fabricante (Dios S. A. de C .V.).

El cerebro es la pila del radio, que se encarga de almacenar y distribuir la energía.

La mente es la energía eléctrica almacenada en el cerebro, y circula por todo el radio: transistores, resistencias, cables, soldaduras, bocinas, sintonizador y contactos, que son el sistema nervioso.

Las ondas de radio (ondas hertzianas), que aunque no las vemos, existen, son en su totalidad el Espíritu Universal (Dios), y de todas estas radiofrecuencias una sola es nuestra alma, es la que nos habla y nos guía en todo momento y en todo lugar, y sólo nosotros, por medio de nuestra mente, decidimos si le hacemos caso a ella o a las creencias aprendidas en el hogar, la escuela, el trabajo, la sociedad, como que nuestros apellidos valen más, que debemos hacer una carrera universitaria para tener éxito, que nosotros somos buenos y ellos son malos, que si eres rico te vas al Infierno, que necesitamos casarnos para...

Todas éstas son creencias con una fuerte carga de F2. Son mentiras que, de tanto escucharlas, se vuelven verdades en nuestra mente, y nos llena de miedo aceptar la verdadera verdad, pues todo lo que creíamos se derrumba en el momento de la verdad. Es cuando la mente se rompe en mil pedazos y sentimos volvernos locos de dolor, y es en medio del dolor y del miedo donde la mente empieza a renacer en la verdad para hablar de la verdad y vivir en la verdad.

—¿Por qué muchos no cambian nunca su manera de pensar?

—Porque preferimos sobrevivir en el odio que morir y revivir en el amor. Ya que para sobrevivir no necesitamos hacer nada y para morir y revivir necesitamos rehacer todo, y eso cuesta mucho trabajo.

Los suicidios nacen cuando las creencias mueren y no tenemos la capacidad de cambiar.

Cuando el radio (cuerpo) está en buenas condiciones y la pila (cerebro) está bien cargada, la energía eléctrica (mente) viaja libremente por todos los circuitos, y el radio automáticamente se sintoniza con tu propia estación de radio (alma), y *no* con la de tus padres, vecinos, amigos, maestros, o con la de tu guía espiritual, ya que cada quien tiene su propia estación y sus propios comerciales (creencias), que les dicen "fuma esta marca de cigarros y serás un hombre del primer mundo, compra esta pastillita para estar esbelta, con este auto tendrás muchas novias, con esta pastillita te saldrá pelo porque a los pelones no los quieren las flacas", etcétera.

Cuando el radio está bien sintonizado, el cuerpo, la mente y el alma se fusionan para que de ahí nazca un bailarín. Ése eres realmente tú, que cantas y bailas al ritmo que te toque tu estación. Cantas y bailas todo el tiempo, y nunca te cansas ni te enfermas ni tienes contratiempos, porque tu radio no tiene interferencias que atraigan "malas ondas". Por el contrario, tu baile recarga la pila para que nunca falle la energía eléctrica. Así, la estación de radio y el radio trabajan juntos para que el bailarín tenga música disponible todo el tiempo y en cualquier lugar. Por esta razón, cuando el bailarín baila, no existen el tiempo ni el espacio; es como cuando bailas con tu pareja y te pierdes en el espacio y en el tiempo; la orquesta ya dejó de tocar y ustedes siguen bailando. *Qué bonito.*

En realidad, la vida es un gran ritmo, es un gran baile con mucha energía, que cuando la proyectas a los demás, se te regresa (acción y reacción) para convertirse en tu sentimiento más elevado; es cuando te sientes pleno, te sientes lleno, sientes que no te falta nada, porque estás completo.

Cuerpo, mente y alma fusionados en un solo sentimiento sin interrupciones, continuo, como el mismo universo.

¿Recuerdas haber realizado algo que anhelabas hacer pero no sabías cómo, y de repente te llegó la inspiración y realizaste tu anhelo? ¿Recuerdas ese sentimiento de plenitud? Ése es el mismo sentimiento del Universo, es de lo que está hecho todo. Es la gracia divina, es tu esencia y la mía.

¡ADVERTENCIA!

Si la pila (cerebro) no se usa, se descarga y, además, se le sale el ácido y oxida los contactos del radio (cuerpo).

RECOMENDACIÓN

Usa tu pila metiéndole buenas ideas. Nuestro cuerpo, nuestra casa, nuestro automóvil y nuestra oficina son lo que le metemos y le sacamos, y son el reflejo de la mente materializado en cosas, o en la salud corporal. *Lo que es adentro es afuera.*

—¿Puede explicar lo de la enfermedad del cuerpo, la mente y el alma?

—El alma nunca se enferma, ni anda triste, ni se muere, ni se va al Infierno; tampoco nos abandona, ni se la podemos vender al Diablo, ni nada de esas creencias que algunos usan para justificar sus fracasos y su ignorancia, y sobrevivir sin realizarse, sin tener la responsabilidad de guiarse a sí mismos. En cambio, depender de las creencias de los otros para ser aceptados, aunque ellos mismos no se acepten y no vivan en la plenitud.

El alma es la estación de radio que Dios nos regaló; le hagamos caso o no, ella siempre va a estar emitiendo su radiofrecuencia, esa gran energía creadora, fuente de inspiración de la cual beben de manera consciente todos los grandes genios. Si esta energía no la consumimos en realizar nuestros sueños, se va a almacenar en el cerebro, y cuando el cerebro ya no puede almacenar más energía, la descarga en forma agresiva, y es cuando nos volvemos intolerantes, agresivos, enojones, malhumorados, inquietos, eufóricos, incomprendidos, coléricos, y ya que quemamos todas estas energías con todas las emociones antes mencionadas, nos sentimos cansados, deprimidos, enfermos, tristes, y es cuando nos preguntamos: "¿estoy loco o qué me pasa?" ¡Claro que sí estamos locos! La locura es el primer paso para realizar el proyecto de nuestra vida.

Todo proyecto necesita un plan y un plano. Entonces lo primero que tenemos que hacer es planear nuestra nueva vida usando planos, apuntes dibujos y fotos de todo lo que visualicemos ser, hacer y tener.

Todo lo que pienses y escribas debe ser en presente, pues así ya existe en el mundo espiritual, y la palabra hablada o escrita es quien se encarga de materializarlo. Ejemplo:

🪔 Yo soy arquitecto (*ser*).

🪔 Yo construyo casas ecológicas (*hacer*).

🪔 Yo tengo una gran constructora (*tener*).

Nunca digas: "Yo quiero ser arquitecto", ya que se te dificultará más ser arquitecto mientras sigas queriendo ser arquitecto, porque tu alma te concede el deseo de querer, mas no el de ser. Tú serás arquitecto cuando te sientas arquitecto, pero como tu mente no se acuerda, por eso tienes que estudiar Arquitectura, para recordar que ya eres arquitecto, y aunque no estudies Arquitectura en una universidad, si empiezas a pegar ladrillos, el conocimiento solito te llegará, por eso se dice: "A Dios rogando y con el mazo dando".

El conocimiento o el camino al conocimiento llega de mil formas diferentes, por medio de amigos, revistas, documentales, cursos, anuncios de radio, cambio de trabajo, cambio de domicilio, etétera. Sólo necesitas poner atención a tu estación de radio y no a los comerciales de otras radiodifusoras.

De regreso a la pregunta de la enfermedad del cuerpo y la mente, les puedo decir que la mente gobierna al cuerpo, pero la mente se opaca cuando nosotros decidimos ponerle atención a los asuntos de nuestros familiares y amigos, y no atendemos a nuestros propios problemas.

Pero eso sí, le damos consejos a todo el mundo, y nuestro propio mundo es un desastre. No somos felices con nada ni con nadie; sólo sentimos algo de felicidad cuando juzgamos para regocijarnos al ver que ellos son más tontos que nosotros, que ellos son más pobres que nosotros, que ellos son más feos que nosotros, que ellos son más borrachos, irresponsables, fumadores que nosotros, y entre más defectos descubramos en los demás, nos sentiremos más exitosos. Es por esta razón que todo lo que hagan y digan los demás es muy importante para nosotros, y el "chisme" y la crítica se vuelven el pan de cada día, para sentirnos al menos un poquito mejor que los pobretones de nuestros parientes.

Cuando nuestra mente está en casa del vecino, no es productiva para nuestro beneficio, y toda la energía mental explota en mal humor; cuando el mal humor ya no es suficiente para consumir toda esa energía, las siguientes opciones son:

a) Anestesiar el cerebro con alcohol, cigarro, marihuana, etcétera.

b) Mandar la energía al estómago. El estómago trabaja más y nos da más hambre; al comer en exceso, el hígado se satura y deja pasar las toxinas a la sangre, y la sangre a todo el cuerpo, y el órgano más débil es el que dará los síntomas de la enfermedad; pero todo el cuerpo está enfermo y nuestra mente está en casa del vecino.

c) Trasformar la energía creativa en estallidos de energía sexual.

Si cuando aparece un síntoma, hacemos que nuestra mente le ponga atención a nuestro cuerpo y que se capacite para ayunar, el cuerpo se autosanará, ya que tiene la sabiduría suficiente para reconstruirse, siempre y cuando no esté saturado de alimentos chatarra.

Sólo el humano sigue comiendo cuando está enfermo, ningún animal tiene esta conducta. Este comportamiento es un mal aprendizaje aceptado por algunas personas.

Comer en exceso en un estado de enfermedad es tratar de satisfacerse a sí mismo, es tratar de llenar un espacio espiritual con algo material, y como consecuencia, ese vacío espiritual se hace más grande, y la enfermedad física también, hasta que el cuerpo se cansa de la ausencia de la mente y decide regresar a la casa materna, a la Madre Naturaleza, y el alma a la casa paterna, con el Padre Nuestro.

Conocerse a sí mismo es trabajar en equipo, es tener el mismo objetivo, es caminar en el mismo camino y en el mismo sentido, es hacer una parada en el camino para llenar la "panza" y cargar la pila, es caminar y bailar al mismo tiempo, es llegar a la meta y seguir adelante, es llegar al origen y comenzar de nuevo, pero ahora con un cuerpo menos denso y con una energía más sutil; es sentir la unicidad para poder vivir en la dualidad sin que ésta nos desequilibre emocionalmente.

La mente se conoce a sí misma

La mente es como un rollo de película guardado en su estuche; sabe que en su interior está grabada una interesante historia. Para conocer esa historia con lujo de detalles, decide proyectarse, a través de los ojos, en el mundo exterior (personas, animales, vegetales y cosas), pero principalmente en la gente que nos rodea; entre más cercana sea la gente, más fieles serán las imágenes proyectadas, y la mente verá, en sus seres más queridos y más odiados, lo que realmente es y no lo que cree ser.

—Cuando la persona es invidente, ¿qué pasa con esas imágenes?

—El interior de la mente es proyectado por los cinco sentidos, y el reflejo de esta proyección es introducido de nuevo hasta la mente, por los mismos cinco sentidos.

Así como puedes ver cosas agradables y desagradables, también puedes oír, oler, gustar y tocar cosas agradables y desagradables; así se establecen conexiones de los sentidos con los sentimientos y las emociones. Por ejemplo, ¿qué sentimientos o emociones experimentas cuando hueles el perfume de tu ex novio o ex novia, o qué sentimientos experimentarán los veteranos de una guerra cuando oyen una explosión, o les llega el olor de la pólvora, o ven y tocan sangre? Los cinco sentidos son nuestros radares, y la mente es la que sintoniza a estos radares, para buscar y encontrar en los demás lo que más nos convenga en ese momento.

—Entonces, si mi suegra vive en mi casa y la odio, ¿es porque está reflejando mi interior?

—Sí y no. Sí porque refleja tu interior, y no porque tú no odias a tu suegra. Tú odias la característica que ves en tu suegra, y que es la que refleja tu propia característica que no aceptas, y se la andas colgando a todo mundo. Pero como esta característica es muy tuya, regresa a ti hasta que la aceptes, la laves, la planches y la guardes en tu clóset, para que la uses cuando tengas que usarla. Si existe esta característica, es porque sirve. Y si esta característica ya no la vuelves a usar, sirve para transformarse en la característica opuesta. Ya que en este mundo nada se crea ni se destruye, sólo se trasforma.

Insisto: tú no odias a tu suegra, sino alguna característica que te trae malos recuerdos de tu propia conducta; y cuando estás en el fondo de tu odio, llega F1 para equilibrarte, y algo te recuerda que tu suegra cuidó a tus "angelitos"; entonces surge el agradecimiento a tu suegra. Pero ahora sí, esa misma característica la aceptas en ti y no se la quieres colgar a nadie más que a ti, y a todos les dices que eres buen padre, no como tu cuñado, que le deja sus niños todo el día a tu mamá.

Para hacer este ejemplo más real, dime qué característica de tu suegra es la que más odias.

—Mi suegra siempre manipula a mi esposa, y eso me molesta tanto que no puedo verla ni en pintura.

—Entonces dime a quién manipulas tú, que no te sientes a gusto con esta característica. Piensa bien: puedes manipular a tu esposa, a tus hijos, a tus clientes, a tus proveedores, a tus empleados, a los consumidores, a los electores, a tus vecinos, a los vendedores ambulantes, a tus alumnos. ¿A quién manipulas?

—Sinceramente, manipulo a mi esposa para que ya no se deje manipular por mi suegra.

—Pobre de tu esposa, viviendo entre dos manipuladores. ¿Y ella a quién manipula?

—Manipula a mis hijos para que no se cambien de religión.

—¿Y en la religión de tu esposa manipular no es pecado?

—Sí.

—Entonces ella ya entendió su religión, pero no vive su religión. No predica con el ejemplo, y los hijos se educan con el ejemplo, no con el "bla bla bla". Por este motivo sus hijos quieren cambiar de religión. Pero regresando contigo, tú eres un gran manipulador, pero como no puedes manipular a la gente que no depende de ti, entonces arremetes con la gente que sí depende de ti. Como tu suegra depende de ti, también tratas de manipularla para que deje de manipular a su hija la manipuladora. Ustedes van a asumir esta actitud hasta que uno de ustedes, o todos, se den cuenta de los grandes beneficios que hay al dejar de abusar de esta característica.

Hasta el día de hoy, las estadísticas de mis investigaciones me dicen que, si dejamos de usar esta característica (manipular) por cuatro años seguidos, se trasformará en la opuesta (liberar).

Entonces verás en tu suegra la característica de la liberación, y ella verá en ti la liberación. Así, los dos serán libres; y de este modo, si alguien quisiera manipularte, se resbalará en su intento, y caerá tan bajo y en forma tan ridícula, que tú esbozarás una sonrisa y le darás la mano para que se ponga de pie; entonces; esta persona asumirá cualquiera de las siguientes dos actitudes:

Primera: te agradecerá y se admirará de ti y de tu actitud.
Segunda: huirá de ti y de tu entorno, para no volver jamás.

Así de fácil es el camino de la plenitud.

—Éste fue un ejemplo muy bueno de persona a persona. Pero, ¿qué pasa cuando todos los políticos son odiados por todo el pueblo?

—Decir "todos los políticos" y "todo el pueblo" es una mentira. Y si quieres conocerte a ti mismo, debes dejar de decirte mentiras. Sería más real, verdadero y equilibrado decir: "Algunos políticos son odiados por algunas personas". Y esto se debe a que los políticos son espejos públicos para quienes decidan verse en ellos. Pero en el espejo de tu recámara sólo se pueden ver tú y tu pareja.

Las personas que odian a algunos políticos, es porque los califican de mentirosos, por no cumplir con lo que prometieron. Si aplicamos lo que hasta aquí hemos aprendido, diríamos que los que odian a los políticos son personas que, de alguna forma, les mienten a las demás personas; y esta característica, tan personal de ellos, los irrita tanto, que cuando alguien se las recuerda, explotan llenos de odio. Pero una persona sabia que ve este escenario, no juzga a los demás, sino se pregunta: "¿dónde yo hago o digo lo mismo que están diciendo estas personas, y dónde yo hago y digo lo mismo que hacen los políticos de los que están hablando estas personas?". Nunca hay que colgarles las características a los demás, ya que lo que nosotros vemos es lo que nosotros proyectamos. Es nuestro propio escenario y de nadie más.

—Si los mexicanos dejamos de decir mentiras hoy mismo, ¿dentro de cuatro años seremos un país del primer mundo?

—No sé si seríamos un país del primer mundo o no, pero lo que sí te puedo asegurar es que seríamos un país que no le mentiría a nadie. Ya que algunos países del primer mundo sí le mienten a sus ciudadanos o a otros países.

Como en estos momentos estamos viviendo la era de la información, y los tiempos se están acortando para realizar cualquier actividad, es posible que de cuatro años pasemos a uno, y de un año a cuatro meses, y luego a cuatro días. Esto no sé cuándo sucederá, pero es la tendencia de mis estadísticas.

—¿Puede darnos el ejemplo de cuándo una cosa refleja la característica de una persona?

—Sí, claro. Todas las cosas también son espejos. Por ejemplo, un semáforo descompuesto puede significar para una persona la obstrucción de su camino. Entonces nos debemos preguntar: "¿A quién obstruimos nosotros?". Podría ser a nuestros compañeros de trabajo.

Si para otra persona significa pérdida de tiempo, la pregunta es: "¿A quién le hacemos perder su tiempo?". Podría ser a nuestros clientes, a los usuarios del servicio que damos, a nuestros pacientes. ¿A quién? Siempre vamos a descubrir a alguien que no se la pasó tan bien con nosotros.

—Pero a todos nos afecta un semáforo descompuesto.

—"A todos" es una mentira, ya que a los vendedores ambulantes les beneficia, o al menos le beneficia al que repara y vende refacciones de los semáforos. Pero lo que realmente nos debe de importar es cómo reaccionamos ante tal o cual situación. ¿Reaccionamos con prudencia, con rabia, con estrés, con desánimo? Si todos viéramos en un semáforo descompuesto la oportunidad de ser corteses con los demás automovilistas, todos avanzaríamos más rápido.

—Pero no todos piensan así.

—No te preocupes por los demás. Sé amable y proyecta amabilidad con los demás y te regresará amabilidad. Cambia tú y cambiarás al mundo. Alguien tiene que empezar, qué bueno que seas tú.

—Tienes razón, pero lo veo muy difícil, y más si llevo prisa.

—Nada pierdes con intentarlo.

La mente viajera

Vamos a ver un nuevo enfoque de la mente, para ver cómo se enferma y cómo sana.

Mucha gente hace deporte para tener una mente sana en un cuerpo sano, y esto es correcto. Pero es un poco más tardado, ya que todo el cuerpo está dentro de la mente, pero no toda la mente está dentro del cuerpo; por eso muchos deportistas tienen un cuerpo físico sano, pero no una mente sana. Los grandes éxitos deportivos se han logrado potenciando la mente para que se potencialice el cuerpo.

—¿Pero qué pasa con los deportes en equipo, como el futbol, donde hay muchas mentes y muchos cuerpos?

—En este caso, el entrenador es la mente y todos los jugadores el cuerpo. Si el entrenador está de tiempo completo con su equipo y lo mentaliza para trabajar todos juntos para el éxito, el triunfo está asegurado. Pero si el entrenador está más tiempo con la prensa que con su equipo, el equipo se fragmentará por el elemento más vulnerable a las críticas.

La energía de una mente sana es muy potente y llega a todas partes del cuerpo antes de pensarlo. Siempre va a reaccionar primero la mente y después el cuerpo. Si la mente está concentrada en el juego, el cuerpo reacciona adelantándose a la jugada, y es cuando se dice que el jugador adivina la siguiente jugada. Pero en la mayoría de los casos la mente es como nosotros mismos: le gusta andar paseando por todas partes, regresar a casa sólo para hacer lo indispensable, y volver a irse de vacaciones, cuando menos a la casa del vecino, para no estar solita en su propia casa escombrando, lavando y barriendo todas las habitaciones.

Cuando ya todos los vecinos le ponen la cara de "fuchi", la mente decide regresar a casa, pero como su casa está abandonada, oscura, húmeda, con trastes y ropa sucios, la luz y el teléfono cortados, las macetas secas, la fachada sin pintar y la azotea llena de cosas viejas, la mente decide salir de ahí lo antes posible para viajar a las playas del pasado.

¡Qué padre, otra vez de viaje y sin comprar boleto! ¡Esto sí que es la pura vida!

La mente decide viajar al pasado porque se ha creído la gran mentira de algunos ignorantes que dicen: "Todo tiempo pasado fue mejor"; y como esto lo repiten todos los días, el presente se llena de problemas, para que lo que decretó la mente se vuelva realidad.

Por eso, vivir en las playas del pasado es más placentero para la mente que vivir en el presente, escombrando la casa. Hasta que en la playa se encuentra con un recuerdo nada grato, y decide empacar sus maletas para viajar al futuro, sin escalas en el presente; cuando la mente aterriza, o mejor dicho, nubeniza en las nubes del futuro, empieza a soñar que se saca la lotería sin comprar el boleto.

¡Esto sí que es la puritita vida!

Apenas empieza la mente a disfrutar de su buena suerte, cuando llega una nube cargada de desconfianza y le recuerda que en el pasado invirtió mucho tiempo, dinero y esfuerzo en comprar boletos de lotería y no se sacó nada. Bueno, sí, alguna vez le dieron un premio de consolación. Un príncipe azul que con el tiempo se llenó de achaques y reumas. Entonces decide regresar al presente, y casualmente se encuentra con su amiga, su mente gemela (Dios las hace y ellas se juntan), y su mente gemela le comenta:

—Ay, tú. ¿Ya supiste que fulanita está embarazada?

—Sí ya supe, es su tercer embarazo, y sin marido; pues ¿cómo le hará ésta?

—¿Ya supiste que corrieron al vecino por no pagar la renta?

—¿Y tú ya supiste que todos los vecinos son muy borrachos?

—¿ Y que el hijo del vecino es un drogadicto, ladrón, flojo, sucio, holgazán y homosexual?

—¿Y que el vecino está millonario porque es narcotraficante, y su esposa es prostituta y su cuñado pirata?

—No te juntes con la nueva vecina: es muy chismosa y anda tras todos los hombres.

—No les vayas a decir nada, pues ya ves cómo es la gente de chismosa, pero ayer me enteré que andan diciendo que tú y tu familia...

Y éste es el gran círculo vicioso de la mente, del cual sólo podemos salir si escombramos la casa, para vivir cómoda y placenteramente en el único lugar que nos pertenece y que poco conocemos.

El pasado y el futuro no existen, son un producto de la mente humana, que les da vida para vivir ahí, y no en el presente.

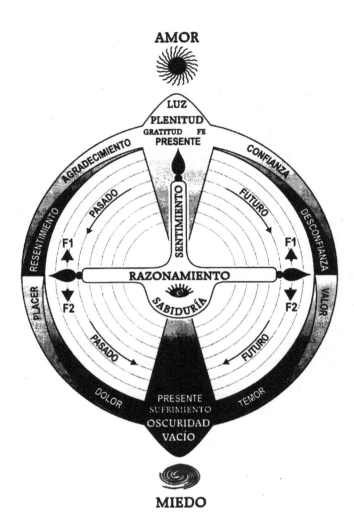

Balanza de la Sabiduría

Los estados de la mente
y la Balanza de la Sabiduría

En la Balanza de la Sabiduría vemos que cuando el razonamiento está equilibrado, el sentimiento se encuentra en la zona de luz, gracias a que la sabiduría siempre equilibra el razonamiento.

Pero si el razonamiento viaja al pasado, a la zona del dolor, el sentimiento se va al estado del resentimiento; sin embargo, la sabiduría, que es el gran contrapeso de un resentimiento desequilibrado, nos hace ver que en el pasado también existió placer, y entonces el sentimiento se va a la zona del agradecimiento, para posteriormente llegar a la gratitud.

El futuro es sólo la proyección del pasado en un tiempo venidero, pero si no logramos equilibrar el dolor del pasado, el razonamiento se va al futuro, a la zona del temor, y el sentimiento al estado de la desconfianza; pero gracias a la sabiduría, el razonamiento se va equilibrando hasta que llega a la zona del valor, y el sentimiento se va al estado de la confianza para posteriormente llegar al sentimiento de fe.

La gratitud y la fe nos conducen a la plenitud, que es el sentimiento más puro, donde ya no existen los estados de ánimo (resentimiento, agradecimiento, confianza y desconfianza).

En la plenitud, el razonamiento y el sentimiento (la mente) se funden con el alma y viajan a la luz universal (Dios), y la mente puede ver que todo está hecho de luz; entonces las máscaras o características de la gente se vuelven transparentes, como los más finos cristales, y es cuando la mente puede ver la conciencia crística de toda la humanidad, para posteriormente bajar a la tierra lleno de luz y conocimiento.

Cuando el conocimiento es movido por el sentimiento para hacer un servicio a la humanidad, se convierte en sabiduría. Al tener una sabiduría más grande, el razonamiento se desequilibra menos y la mente estará cada vez menos en los estados del resentimiento y la desconfianza, para permanecer más tiempo en el agradecimiento y en la confianza, para que en algunos momentos llegue a estar en la luz y bajar nuevamente a la tierra.

—¿Por qué dices que sólo en algunos momentos? ¿Acaso no puede uno permanecer en la luz?

—El tiempo, medido en la tierra, de lo que la mente se tarda en subir y bajar es de sólo segundos, pero esos segundos en la luz equivalen a toda una vida en la tierra.

Si la mente decide no compartir esa luz, atraerá muchos problemas y enfermedades para que se consuma esa energía. Pero si la mente decide no usar esa luz ni para sanar sus propias enfermedades, esa energía se almacena en el cerebro para producir descargas eléctricas en todo el cuerpo; es cuando el alma decide regresar a la luz y el cuerpo a la tierra, y la mente se queda en el sonido, que no es ni luz ni materia. Es sólo ruido.

Como ustedes pueden observar en la figura de la Balanza de la Sabiduría (pág. 78), la fuerza 1 es la que siempre nos levanta y la fuerza 2 es la que siempre nos derriba; pero gracias a la fuerza 2, la fuerza 1 no nos conduce a la luz, y gracias a la fuerza 1, la fuerza 2 no nos conduce hacia la oscuridad.

Las grandes religiones y las grandes filosofías nos dicen que si no vivimos en la gratitud y en la fe, viviremos en el dolor y en el temor, en el resentimiento y en la desconfianza; y es en estas antiguas filosofías donde nace la Balanza de la Sabiduría, que claramente nos ilustra que el placer nace del fondo del dolor para permanecer encima de él. El valor nace de la parte más profunda del temor, para situarse encima de él. El agradecimiento está encima del resentimiento. Y la confianza encima de la desconfianza.

Los tres sentimientos del presente son: gratitud, fe y plenitud. También en la gráfica vemos que cualquier camino que tomemos hacia el pasado, nos conducirá al presente oscuro, y lo mismo pasa si nos vamos al futuro.

El presente oscuro no es otra cosa que un *vacío* existencial, que popularmente se le conoce como *sufrimiento*. Lo opuesto al sufrimiento es la plenitud, la cual alcanzamos cuando empezamos a llenar nuestros vacíos existenciales con nuestros valores más elevados, que son nuestros sentimientos hacia los demás y hacia nosotros mismos, pero como no los conocemos, no sabemos cómo usarlos y cómo compartirlos, y es cuando sufrimos, pues siendo ricos nos sentimos miserables porque no podemos ver lo que tenemos adentro, por no querer arrancarnos las vendas que nos ha impuesto nuestra familia y la sociedad.

Quien vive en el pasado o en el futuro está condenado a sufrir.

—¿Entonces no es bueno planear nuestro futuro?

—Todos tenemos que planear nuestro futuro de acuerdo con nuestro plan de vida. Eso es muy bueno. Pero lo que no es bueno es vivir en el futuro que todavía no existe, pero que estamos construyendo en el presente al planificar nuestra vida.

Es como si decidimos construir una casa, y cuando terminamos de hacer los planos, decidimos irnos a vivir a la casa hecha sólo de papel y tinta, y con el primer viento, adiós casa. Pero si todos los días pegamos un ladrillo, la casa viajó al futuro en forma de papel y tinta, y el futuro nos la devuelve construida de ladrillo, piedra, tejas, puertas de madera, muebles y todo lo que hayamos planeado. Siempre y cuando no soltemos los planos de la mano izquierda y peguemos los ladrillos con la derecha.

De regreso a la Balanza de la Sabiduría, vemos que en el presente ya no hay estados de ánimo, sino dos sentimientos muy elevados que son gratitud y fe; al unirse estos dos, generan la plenitud: el sentimiento más puro, el que nos conduce a la luz, al Gran Espíritu, donde el ser humano nuevamente se inspira, se vuelve creativo, y la creatividad es sinónimo de amor, sabiduría y servicio a los demás. Por este mismo motivo, la Madre Teresa de Calcuta decía que "el que no vive para servir no sirve para vivir".

Por cierto, esta santa era iluminada constantemente, y gracias a Dios tuvo muchos F2 que la sacaban de la luz, para que viviera entre nosotros muchos años y nos diera su luz. Espero decidan leer su vida y obra, y se den cuenta de que ella trascendió problemas, retos y obstáculos (F2) muy grandes, y nunca se dio por vencida, ya que cuando oraba, se inspiraba y recibía mucha luz (energía) que canalizaba en sus obras; de no haber sido así, ella hubiera muerto muy joven, pero fue ingeniera, arquitecta, economista, maestra, guía espiritual y, sobre todo, padre y madre para muchos seres humanos, así como fuente de inspiración para un servidor.

Las experiencias
del maestro Joed Goran

Por todo lo que nos has enseñado, podemos ver que eres una persona muy espiritual. Lo que te quiero preguntar es si la universidad también te dio el conocimiento espiritual.

—Sí, pero en un principio no estaba consciente de este aprendizaje, hasta que tuve una experiencia espiritual que me hizo ver que todos mis conocimientos científicos estaban unidos por algo que poco a poco fui descubriendo.

—¿Nos puedes contar un poco de esta experiencia?

—Yo siempre fui buen estudiante. Se me facilitaron mucho las Matemáticas, la Física y la Química, por lo que decidí estudiar Ingeniería Electromecánica en la Universidad de México; después decidí estudiar Química; cuando estudié química orgánica decidí estudiar Biología, y un compañero mío, que es ingeniero en electrónica, me invitaba a su taller, donde reparábamos los equipos y la maquinaria de un hospital muy grande de la ciudad de México. Un día fuimos llamados con mucha urgencia al hospital, porque dos equipos para realizar electroencefalogramas habían sufrido una avería al trasladarlos a otro laboratorio.

Mientras mi amigo se ocupó en hacer los trámites para llevarnos los equipos dañados, me quedé contemplando una imagen de Jesús que estaba en la capilla del hospital y pensando en qué máquinas hubiera diseñado él si hubiera estudiado Ingeniería. En ese momento se me acercó una religiosa de edad muy avanzada y voz muy dulce, que me dijo: "Pregúntale lo que quieras y Él te responderá".

Su comentario me hizo estremecerme, como si una energía hiciera vibrar cada una de las células de mi cuerpo, y sus palabras se quedaron dentro de mí hasta el día de hoy. Después la religiosa me preguntó: "¿Tiene algún enfermito en el hospital?"

Yo le respondí que no, que sólo íbamos por unos equipos médicos para repararlos, y ella me dijo: "Debe tener una mente maravillosa para poder reparar esas máquinas; agradézcale a Él que tiene una mente así, y Él le dará más de lo que le ha dado".

En ese momento sentí una gran necesidad de entrar a la capilla e hincarme ante Jesús, de agradecerle todo lo que nunca le había agradecido; lloré de la emoción cuando sentí que realmente me estaba escuchando, y mi mente viajó al pasado para ver cómo fui resolviendo y disolviendo todos mis retos cuando era estudiante, y después como investigador; vi cómo mis conocimientos estaban unidos y entrelazados por hilos de luz, y desde entonces me volví más intuitivo para resolver problemas, incluso en ese mismo momento supe que la avería de los equipos no fue por el golpe recibido, sino porque estaban cargados de energía estática, así como yo lo estaba hasta que me conecté a la luz para descargar esa energía generada por mi propia mente desequilibrada, por tantos resentimientos que vivían en mi cabeza.

A partir de ese día empecé a leer libros de todas las religiones y de todas las filosofías, para conocer qué es el espíritu; también decidí estudiar Psicología y Psiquiatría. Poco tiempo después, mientras me encontraba de vacaciones en Michoacán, desde la orilla de un lago vi cómo descendía un águila para atrapar a una serpiente, y luego realzó su vuelo hacia mí, para después perderse detrás de una loma. Cuando viví esta experiencia, sentí lo mismo que sentí en la capilla del hospital, y fue cuando empecé a estudiar la sabiduría tolteca, azteca, maya y teotihuacana. Y fue aquí en Teotihuacan, exactamente en la cueva que está debajo de la

Pirámide del Sol, donde recibí la Balanza de la Sabiduría y las leyes del espejo, que son el legado de Quetzalcoatl para toda la humanidad, y éste es el motivo por el cual estamos aquí, pues me ha sido encomendado sacar a la luz todos estos conocimientos que un día tuvieron que ser ocultados para preservarlos de la destrucción.

A partir de que empecé a estudiar las culturas precolombinas, supe lo que realmente significó para mí ver el águila volando con la serpiente, y lo que significó para los aztecas el haber visto al águila sobre el nopal. Pude empezar a ver que todo lo que existe en este mundo son símbolos que cada uno debe de interpretar de acuerdo con su conocimiento, y no a la interpretación que otros le puedan dar. Ésa es la clave del conocimiento espiritual de uno mismo.

—¿Pero qué pasa con el conocimiento científico donde todos debemos estar de acuerdo y clasificar las cosas, para que se nos facilite estudiarlas?

—Claro que todos debemos estar de acuerdo en que una flor es una flor, y que pertenece a tal o cual familia. Pero cada individuo le pone más atención a cierta característica de esa flor. Por ejemplo, el cocinero le pone atención a su sabor, el naturista le pone atención a su poder curativo, el artesano a su pigmento, el narcotraficante a su droga, el florista a su buen precio el Día de las Madres, el apicultor a la cantidad de néctar, el poeta ve en una flor el amor, el jardinero su belleza, quien las regala ve agradecimiento, quien la recibe ve cariño.

Todos vemos la misma flor, pero le ponemos más atención a la característica que más nos conviene en ese momento, y así es con todo lo que vemos, personas, animales o cosas actuando para que nosotros conozcamos lo que no podemos ver dentro de nosotros mismos.

—¿Puedes platicarnos algo sobre el águila, la serpiente y el nopal?

—Sí. Empezaremos con la serpiente. En la mayoría de las culturas la serpiente ha sido un animal muy enigmático; se le

85

teme, al mismo tiempo que se le aborrece y se le ama, porque es el símbolo de la vida animal, es el falo que desciende del cielo para penetrar en la tierra y fertilizarla, para que nazca la vida; porque representa los instintos rastreros, ya que no tiene piernas ni brazos, y su cuerpo es muy parecido a un pene, que para muchas culturas es el símbolo de la creación y la creatividad del humano. Su cuerpo ondulado representa también la energía ondulante de la creatividad, su lengua bífida representa la dualidad de la mente rastrera y venenosa que todos los seres humanos tenemos. Y como vive entre la maleza, no puede tener una visión elevada, y esto la hace ser desconfiada y resentida con la vida.

La contraparte de la serpiente es el águila, que es el símbolo de la realeza, de la fuerza, de la plenitud de la vida; es la que vuela muy alto, y su vista es panorámica y aguda al mismo tiempo; por esto mismo es agradecida con la vida y tiene confianza en sí misma. Ella vive en los tres sentimientos superiores de la Balanza de la Sabiduría, y puede volar hacia el sol que es la luz del conocimiento.

La serpiente vive en las tres zonas inferiores de la Balanza de la Sabiduría, entre la maleza y pernoctando en cuevas oscuras, pero gracias a las serpientes, el águila se alimenta para poder existir y volar muy alto.

Cuando el águila toma a la serpiente con sus garras y la eleva al cielo, la serpiente puede observar y apreciar todo lo que ella nunca ha visto; en ese momento, la serpiente decide no morder al águila, sino morderse a sí misma para morir y ser el sustento de una mente más elevada.

Por otro lado, las tranquilas aguas del lago representan las emociones no tormentosas que riegan a la tierra (el cuerpo humano), para que de la tierra surja la vida en todo su esplendor.

El nopal significa la vida surgiendo de las entrañas de la tierra y aferrándose a ella por medio de sus fuertes raíces. Lo verde del nopal significa el cambio constante o evolución de la vida. Las tunas rojas significan la energía creativa, que es la energía sexual de la vida... La hacedora de frutos.

El águila sobre el nopal significa la mente fuerte, ágil y libre, posada sobre la vida y sus frutos, y alimentándose de la mente resentida y desconfiada.

—¿Y para ti qué significó haber visto el águila en Michoacán?

—Toda esa zona del país tiene mucha energía, ya que tiene muchos lagos y lagunas; incluso, el Lago de Chapala es el lago más grande de toda Latinoamérica. Tiene también muchas montañas, e incluso la erupción del volcán Paricutín la hace ser el nuevo ombligo de toda América; es el lugar indicado para el resurgimiento de Quetzalcoatl, que es el símbolo del hombre-serpiente que se convirtió en águila para que naciera el nuevo ser humano, mitad serpiente, mitad águila; la serpiente emplumada, el que todo lo ve, el que todo lo sabe.

—De regreso a tus conocimientos de Medicina, Psicología y Psiquiatría, ¿nos puedes decir por qué estas ciencias no pueden sanar a muchos pacientes?

—No es que yo quiera defender a mis colegas a ultranza, pero en la mayoría de los casos, el paciente no desea sanarse, porque es más cómodo sobrevivir que vivir como Dios manda. Ya que cuando se vive como Dios manda, el cuerpo se autosana, ya que toda la energía de la mente está en el cuerpo y es una energía muy creativa, que lo mismo sana o enferma al cuerpo. Recuerden que el alma vino a este mundo a crear, y como en el mundo espiritual no existe el Bien ni el Mal, el alma puede crear una enfermedad o una buena salud. Esto va a depender de lo que la mente decida, de acuerdo con su conocimiento de sí misma.

Si la mente está desequilibrada, va a crear enfermedades y problemas en abundancia.

—Si la solución es equilibrar a la mente, ¿por qué los médicos y psicólogos no nos dicen cómo?

—Antes que existieran los médicos, ya existían los grandes maestros, entre ellos Jesús, que nos dijeron cómo... Pero todas estas recetas que nos han dado las hemos tirado a la basura sin haberlas leído; a continuación, les voy a dar otra receta de origen tan remoto, que se pierde en la historia.

Haciendo un resumen de todo lo aprendido, podemos decir que las enfermedades que hoy padecemos tienen su origen en un estado mental desequilibrado, que puede provenir desde que estábamos en el claustro materno. Toda enfermedad nace de un dolor pasado y de un resentimiento presente, por eso la enfermedad no desaparece; por ejemplo, la diabetes nace de una amargura muy lejana y de un resentimiento muy presente.

La solución no es olvidar aquel dolor, ya que el olvido es también un estado desequilibrado de la mente.

La solución, la mejor receta hasta el día de hoy que yo les puedo dar, es que equilibren la mente buscando la fuerza 1 que equilibró a la fuerza 2 que nos golpeó para desequilibrarnos, y sacarnos de la luz para que esta luz no nos queme. Es como si estuviéramos durmiendo en la playa bajo el ardiente sol, y alguien se tropieza con nosotros, nos despierta y nos enojamos.

Si algo nos despierta a la buena o a la mala, es que ya es hora de bañarnos en el mar, y en vez de enojarnos debemos agradecer el tropezón o la cachetada, por dolorosa que sea.

Recuerden que la vida no golpea, somos nosotros los que decretamos que algo o alguien nos golpee.

—Pero yo he visto a gente que no le hace mal a nadie, y le va mal en la vida.

—Le hace mal a su misma persona humillándose, arrastrándose y golpeándose; esto le conviene más, ya que disfruta mucho ser víctima y recibir conmiseraciones de los demás, y no luchar por ser águila, ya que muchas águilas mueren en sus primeros intentos de volar.

—¿Entonces la solución es, como dijo Jesús, perdonar a quien nos golpea, poner la otra mejilla?

—Sí. Pero cuando realmente se perdona, ya no hay nada qué perdonar.

Muchos perdonamos con el razonamiento, y este perdón es muy frío y calculador, es un perdón matemático, es un estado de pérdidas y ganancias. Si perdonamos con el sentimiento (F1), el perdón se vuelve gratitud, y la gratitud es la mitad del camino hacia la plenitud, como se ve en la Balanza de la Sabiduría.

Esto no quiere decir que el perdón razonado sea malo, sino que es el principio del camino.

—¿Pero qué pasa cuando nos golpea una enfermedad hereditaria?

—Es exactamente lo mismo; tienes que buscar en algo o en alguien, pero principalmente en ti, la F1 que te ha mantenido con vida, y que no ha permitido que te marches de aquí, porque tienes algo importante que descubrir para sorprenderte tú mismo de ti mismo.

En algunas religiones manejan el Karma, pero también manejan el Darma que lo equilibra si así lo decide la mente.

En las últimas investigaciones se ha descubierto que más que heredar enfermedades, heredamos conductas mentales. Aunque ustedes no lo crean, el óvulo y el espermatozoide ya cuentan con conductas mentales, o por decirlo de otra forma, son semillas mentales que pueden nacer en cualquier momento de nuestra vida. Depende de qué tanto sean regadas por nuestros padres en los primeros tres años de vida, y después por la sociedad y nosotros mismos; pero quien cuida de su jardín no nace en él la mala hierba.

—Pero también las dietas son un factor muy importante en la salud, ¿o no es así?

—Efectivamente. Hipócrates nos dio otra gran receta que dice: "Que tu alimento sea tu medicina y tu medicina tu alimento".

Pero también la mente tiene que ver mucho con la calidad y la cantidad de los alimentos que más nos gusta comer. Una mente sana sabe exactamente lo que debemos comer. En cambio, una mente en estado de resentimiento trata de encontrar placer en los alimentos y en las bebidas, para sentir algo de placer y de agradecimiento, aunque sea a costa del desequilibrio del cuerpo. Por este motivo, los médicos naturistas recomendamos comer fruta de la estación, ya que es la fruta más placentera, más sana, más fresca, más barata y la que contiene la energía solar más pura. Si comemos animales, ellos nos proporcionan energía solar de segunda mano, y, aun peor, si comemos carne de animales que se alimentan de otros animales, como la carne de cocodrilo; su energía solar es de tercera mano.

En la actualidad se usan los excrementos de unos animales para alimentar a otros animales que son el alimento del ser humano; esto y regar las verduras con aguas negras, así como tirar el drenaje en lagos y ríos de donde tomamos el agua, es la cosa más aberrante que ha hecho el ser humano en pos del dinero; es una gran F2 que sólo podrá equilibrarse con una conciencia ecológica individuniversal, o sea:

$$F1+F1+F1+F1+F1...F1 = F1 \text{ universal}$$

Ésta es la creación de una nueva conciencia universal. Es una nueva energía que rodea al mundo en forma de una malla hexagonal, es una nueva morada de la casa de Dios, que los seres humanos podemos, o mejor dicho, ya estamos creando para beneplácito de Dios.

Ser lo que en verdad eres

Para conocerse a uno mismo hay muchos métodos, pero la forma más pura de conocerse no necesita ningún método, ninguna recomendación, ninguna ley que puedas usar o quebrantar y, por tal motivo, recibir algún castigo; sólo tienes que ser lo que tú eres, ser sincero contigo mismo, ser auténtico, y si tu dilema es ser o no ser, la respuesta a este dilema es ser el que soy.

—¿Cómo puedo empezar a ser yo lo que soy?

—Empieza a dirigir tu atención hacia las actividades que te hacen sentir pleno, lo que llena tu vacío. Eso es todo.

—¿Pero si yo mismo me doy miedo de hacer lo que más me complace, ya que puedo perjudicar a otros?

—Cuando aparece en ti la duda, es que no tienes certeza de lo que más te conviene, y ésa es la mejor oportunidad para volver a pensar, hasta que llegue a ti un pensamiento constructivo, que se va a sobreponer a cualquier pensamiento destructivo. Eso es lo bueno de los pensamientos fuertemente destructivos, que se pueden trasmutar en pensamientos altamente constructivos es el poder que Dios te ha dado, ésa es la verdadera piedra filosofal que trasforma el plomo en oro. Entre más pesado te sientas, más oro obtendrás y más valiente y valioso serás.

Si ustedes ya se sienten con el poder de elegir y han elegido ser lo que son, lo único que me queda es agradecerles que me hayan acompañado al viaje más maravilloso que he emprendido: el viaje al interior de la gran cueva, donde no existe nada, sólo la voluntad de elegir ser.

La ley de la atracción nace de la ley del espejo

Así como nosotros, los cuarenta cavernícolas, elegimos continuar con el curso, veo que tú también has elegido seguir con la lectura de este libro, lo cual quiere decir que automáticamente estás rechazando otras posibilidades, como ir a caminar al parque, llamar por teléfono a un amigo, ver televisión o preparar tus cosas para que mañana no se te haga tarde; pero si mañana se te hace tarde, no busques culpables, ya que ni tú mismo eres culpable, pues no se pueden hacer dos cosas al mismo tiempo. Cuando uno elige, es porque en ese momento, que es el presente, te convenía más y te hacía sentir más pleno; y así debe de ser cada una de tus elecciones, sea cual sea el resultado. Tú así lo has creado. Es tu fruto, y por tus frutos te valorarás. Si te sientes valioso, atraerás personas y cosas valiosas a tu vida. Ésta es la ley de atracción, que veremos más adelante. La única condición para que se active es que vivas en el presente. Y esto es tan lógico como la ley de la gravedad, que no la puedes activar en el pasado, ya que si te caíste en el pasado, te caíste y ya. En el presente puedes elegir seguir tirado o levantarte. Si en este momento decides preparar tus cosas para mañana, en este mismo momento empiezas a trascender todos esos problemas a los cuales te podrías enfrentar mañana, si es que no sales de tu casa bien preparado y con media hora de anticipación de tu hora habitual de salida.

Y si decides prepararte para trascender los problemas de mañana, podrás llegar a tu trabajo como llegan todos los grandes maestros: con la mente limpia y viviendo en el presente, sin estrés ni buscando pretextos para justificar tus faltas.

—Joed, te agradezco que me hayas recordado mi don de elegir; entonces elijo continuar este curso, ya que tengo muchas dudas; por ejemplo, que aunque he elegido adelgazar, no lo he conseguido, ¿cuál podrá ser mi error?

—Te voy a poner un ejemplo de cómo lograr lo que elegimos obtener.

Si tú eliges ser carpintero, no vas a ser un buen carpintero si también eliges ser mecánico, albañil, bombero y campesino, ya que estás dividiendo tu energía vital; pero si decides ser un buen carpintero, y le dedicas de cuatro a ocho horas diarias, atraerás a tu vida maderas, sierras, clavos, pegamento, y todo tu entorno se llenará de materias primas, proveedores, clientes y conocimientos de carpintería.

Cada quien atrae sus propias experiencias en forma consciente o inconsciente, por eso es mejor conocer las leyes universales y atraer lo que uno elige atraer.

La persona que atrae a su vida conflictos, es porque ella es conflictiva y atrae estas situaciones en forma inconsciente.

Los que son deshonestos atraen la deshonestidad, y los que se sienten víctimas de la vida y le dedican de cuatro a ocho horas a esta característica, atraen a un victimario; y si no llega ninguno, optan por victimarse a sí mismos hasta que aparezca el proveedor, o sea el victimario; y después, con su experiencia, encuentran algún cliente para seguir haciéndose las víctimas, y a este comportamiento humano se llama la *ley de la atracción*, que nace de la *ley del espejo*. Recuerda: un espejo atrae a otro espejo igual, opuesto y complementario, para conocerse por medio del razonamiento y no del sentimiento, del YO SOY.

A continuación ilustramos cómo se atraen los diferentes tipos de espejos:

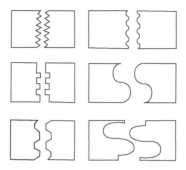

Si tú estás gorda, se debe a que inconscientemente has elegido estar gorda, como una medida de protección de algún miedo que tienes, de que en un futuro te falte lo que perdiste en el pasado, y empiezas a almacenar cosas en tu casa o grasa en tu cuerpo.

Para adelgazar es necesario que empieces a equilibrar tu razonamiento buscando en el pasado todas las F1 que te apoyaron, que por ley son las mismas F2 que te desequilibraron; cuando descubras todas las F1, podrás ver que si en el pasado existió dolor, también existió placer, y tu sentimiento pasará del resentimiento al agradecimiento, de la desconfianza a la confianza, y de ahí a la fe, y el que tiene fe mueve montañas. Este decreto lo han mencionado los grandes maestros de la humanidad.

Ningún humano puede llegar al camino de la fe si en su hablar sólo usa la lengua bífida del resentimiento y la desconfianza. Estos humanos se encuentran todavía en su estado serpental. Y en este estado de ignorancia se atrae lo que uno no desea, ya que el universo no reconoce la palabra *no*, y como tú has deseado *no* estar gorda, entonces el universo interpreta tu deseo como "estar gorda" y te concede tu deseo.

Hasta el día de hoy has elegido traer a tu cuerpo alimentos placenteros y engordadores, y has abusado de éstos. También has elegido una vida sedentaria y complaciente en exceso. Por otro lado has luchado en contra de tu gordura para adelgazar, y tu vida es un caos. De ahora en adelante no hagas dietas prohibitivas, no luches contra tu gordura; elige comer únicamente lo que sientas que atrae la esbeltez a tu cuerpo, y elige una actividad deportiva que atraiga la salud a tu cuerpo; hazle caso a tu sentimiento y usa tu razonamiento para seleccionar y preparar tus alimentos y tus actividades, y no culpes al trabajo, a la falta de tiempo o a las reuniones sociales.

Elige adelgazar a tu refrigerador y él te ayudará a adelgazar y a engordar tu monedero.

No elijas *no* comprar refrescos, mejor elige tomar agua hervida y aireada por ti, y en cuatro meses bajarás cuatro kilos y habrás ahorrado ochocientos pesos, muy buenos para realizar tu próxima elección.

La mejor dieta que te puedo dar es que ya no te alimentes de chismes, groserías, maldiciones, hipocresías y comentarios vanos, ya que estas conductas atormentan a tu cuerpo mental, y éste va a equilibrar su atormentada existencia atrayendo alimentos placenteros. Recuerda que: "No es lo que entra sino lo que sale de tu boca lo que te hace daño".

—¿Puedes comentarnos algo de la suerte?

—La suerte sí existe, y es la expresión más corta para definir la ley de atracción, ya que quien es valioso atrae cosas valiosas, y a esto lo llamamos, en forma más simple, *¡suerte!*

La clave está escrita en la misma palabra *suerte*, ya que si intercambias la última *e* por la *u*, se trasforma en "seer-tú." Si tú no eres tú, no sabes lo que realmente deseas ni cómo realizarlo, y tú eres lo que sientes, no lo que piensas que eres.

Si la buena suerte de tus vecinos, familiares o amigos te hace sentir envidia, coraje, amargura o resentimiento contra ti mismo, entonces tú eres una persona a la que le enferma la buena suerte universal, por lo tanto el Universo no te manda buena suerte, pues te hace más mal que bien; y si el fracaso de los demás te hace sentir menos infeliz, entonces tú vibras en la frecuencia del fracaso y atraerás constantes fracasos a tu vida.

En realidad somos lo que sentimos por los demás.

Por ejemplo, si deseas ser rico pero odias a los ricos, entonces ¿cuál es tu verdadero sentimiento hacia la riqueza? Si piensas que los ricos se van al Infierno y tú quieres irte al Cielo, ¿cuál es tu verdad? Dices: "pobre pero honrado", como si la pobreza y la honradez fueran sinónimos. En la cárcel hay muchos rateros pobres, y si fueran ricos, tal vez no estarían en la cárcel.

Aunque "pobre pero honrado" no es una verdad, si para ti lo es, ¡concedido: *es tu verdad y la tienes que vivir!*

Y esto lo confirmamos, lo corroboramos, lo certificamos y lo sellamos diciendo: "lo espero en su pobre casa".

El problema es que confundimos la palabra *riqueza* con acaparamiento o atesoramiento. Pero el verdadero rico no es el que tiene más, sino el que necesita menos para sentirse pleno, ya que él es todo lo que desea ser. Y no podemos ser, si toda nuestra atención está en cuidar lo que hemos acaparado.

La Biblia dice:

> No se hagan tesoros en la Tierra, donde la polilla y el gusano los echan a perder, donde los ladrones rompen el muro y roban.
>
> Acumulen tesoros en el Cielo, donde ni la polilla ni el gusano los echan a perder, ni hay ladrones para romper el muro y robar. Pues donde están tus riquezas, ahí también estará tu corazón.

> Mateo 6,19-21

Todo lo que Dios creó, lo creó en abundancia; sólo el ignorante acapara, y el acaparar va en contra de las leyes universales, si no, dime tú: ¿qué animal acapara mil veces lo que va a comer; qué mar acapara toda el agua del mundo; qué árbol acapara todo el sol?

Sólo el hombre avaro acapara dinero, joyas, casas, automóviles, y se va a ir a su propio infierno en el automóvil más veloz.

Si te sientes pobre, busca en las áreas de tu vida donde eres rico; y si te sientes rico, busca donde eres pobre, hasta que dejes de sentirte rico o pobre, sólo pleno y lleno de vida para seguir caminando en la senda de la verdad.

Sólo el rico cuando se siente pobre, hace alarde de su riqueza; en cambio, el verdadero rico comparte sus riquezas.

Para que vean cómo se atrae la buena suerte, voy a contarles el cuento de "El anciano valiente y valioso".

Se encontraba una vez un anciano haciendo algo muy valioso; se encontraba creando vida. Estaba a la orilla de un camino sembrando una palmera. En ese momento pasó el rey y le dijo al anciano:

—¿Para qué haces eso si esta palmera tardará muchos años en dar dátiles y para entonces tú ya estarás muerto?

El anciano respondió:

—Ellos sembraron para que nosotros cosechemos; yo siembro para que ellos cosechen.

El rey, admirado de la sabiduría del anciano, le dijo:

—Te regalo esta bolsa de oro, porque me has dado una gran lección de sabiduría.

El anciano replicó:

—No he tenido que esperar tantos años para cosechar los frutos de esta palmera.

El rey sonrió satisfecho y le dijo:

—Te doy esta otra bolsa de oro, porque veo que tu sabiduría es grande.

El anciano rebatió:

—Las palmeras dan frutos una vez al año, y esta palmera ya me dio dos veces en menos de un año.

El rey volvió a sonreír y le dijo al anciano:

—Cada vez que coma un dátil oraré por ti, y lo mismo harán los hijos de mis hijos.

El Gran Espejo

En este momento agradezco tu elección de continuar el curso, para que conozcas el método de El Gran Espejo. La mayoría de los seres humanos sabemos que la humanidad siempre ha contado con grandes maestros, sabios, santos, intelectuales, artistas, gobernantes, empresarios, héroes, deportistas y, en general, grandes hombres, a los cuales admiramos; pero siempre hay uno al que admiramos más, y nos gustaría ser como él. *Él eres tú*, es tu verdadero ser, es tu esencia, es tu alma. Sólo síguelo y él te alimentará y será tu mejor proveedor; conócelo más para que te conozcas más tú mismo. Inviértele de una a ocho horas diarias y tu entorno se llenará de la materia prima que necesitas para que fabriques lo que le piensas entregar a la humanidad; el camino no es fácil; al menos en un principio, algunos humanos asumirán las siguientes actitudes en contra de ti:

1. Se burlarán de ti como se han burlado los ignorantes de los grandes genios.
2. Cuando sus burlas ya no sean suficientes para sacarte de tu camino, te atacarán, como han atacado a los grandes maestros.

3. Como sus ataques te fortalecerán cada día más, tratarán de minimizarte, y eso te hará más grande. Ellos insistirán diciendo que lo que tú piensas, dices y haces es lo que ellos siempre han dicho.

Al conocerse a uno mismo con el método de El Gran Espejo de los grandes maestros, los resultados son tan rápidos, contundentes y sorprendentes, que es como si dentro de la total oscuridad, te pudieras ver en un gran espejo perfectamente iluminado, donde te puedes mostrar tal como has sido, y donde te puedes ir quitando las máscaras y los disfraces, para desnudarte sin timidez y ver lo que realmente eres.

Si lo contundente de este método te da miedo, y prefieres huir, o te sientes agredido y agredes a los demás, y terminas deprimiéndote, todo esto es normal, ya que recibir tanta luz nos puede desequilibrar el razonamiento, y de lo que se trata este curso es de equilibrarlo y tener el tiempo necesario para conocernos.

También existe el método de El Pequeño Espejo y la Vela, donde nos vamos conociendo poco a poco, primero reconocemos una característica, para después aceptar la opuesta, hasta que lleguemos a equilibrarlas, ya que en este mundo todo es dual. Así como el agua es dadora de vida, en exceso también es ahogadora. He aquí el secreto de la vida misma: "Uso y no abuso" de cualquier característica o elemento de la vida en cualquiera de sus aspectos (material, mental y espiritual).

Todos tenemos virtudes y vicios al mismo tiempo, y eso no es malo, lo malo es abusar de cualquiera de ellos y negarnos a aceptar que también tenemos lo opuesto, por ejemplo: quien tiene la creencia de que es perfecto en todo, está abusando de esta característica, y su misma creencia lo hace ser imperfecto y no darse cuenta de que esto le genera un gran vacío espiritual que trata de llenar con cosas materiales. Pero un vacío espiritual jamás podrá llenarse con cosas materiales; por el contrario, esto lo hará más grande y su imperfección se acentuará cada día más; él tratará de disfrazarla poniéndose la máscara del perfecto, hasta que él mismo, en forma inconsciente, atraiga una enfermedad, un vicio o una tragedia, para que él mismo se dé cuenta de que es imperfecto, y que la perfección está en el uso y no en el abuso de una característica o caracterización de su obra de teatro.

Si un actor de teatro sólo representa personajes dramáticos, nunca conocerá la personalidad del comediante.

Los actores exitosos pueden caracterizar cualquier personaje de la vida real o imaginaria, cobrando grandes aplausos y grandes honorarios.

En la versatilidad está la riqueza de la vida. He aquí otra gran verdad.

Las leyes del espejo

Si hasta aquí has elegido reconocerte usando el método de El Pequeño Espejo y la Vela, que es reconocerte entre tus seres más queridos y más odiados, debes conocer más ampliamente las leyes del espejo. Esto requiere usar el razonamiento, emitir juicios de lo que es bueno y lo que es malo, y como el razonamiento dice que cumplir una ley es bueno y quebrantarla es malo; por esto mismo debes de conocerlas muy bien, ya que el desconocimiento de una ley no te exonera de sus consecuencias.

—Yo estoy de acuerdo en que quebrantar una ley atraiga consecuencias desfavorables, pero desconocerla no debe de traer malas consecuencias, eso es injusto.

—Si no conoces una ley, la puedes quebrantar en forma involuntaria, y las consecuencias serán las mismas, sólo que tú pensarás que fue un accidente o tu mala suerte.

Por ejemplo, si no conocieras las consecuencias de la ley de gravedad, te aventarías de un edificio, pero como sí las conoces, no te avientas; si te caes por accidente, las consecuencias son las mismas, conozcas o no conozcas la ley de gravedad.

A esta ley no se le escapa nada ni nadie, lo mismo se cae el rico que el pobre, el anciano o el bebé, el hombre o la mujer.

Las leyes universales se aplican a todo. Y lo mismo pasa con la ley del espejo, que es una ley universal, Si la conoces y no la quebrantas, no te caerás; si no la conoces y la quebrantas, te caerás, seas pobre, rico, feo, bello, anciano, joven, hombre o mujer.

La gran ventaja de conocer y aplicar la ley del espejo es que vas a conocerte a ti mismo y vas a conocer tus acciones y tus reacciones ante cualquier situación de la vida.

Como veo que has elegido conocer las leyes del pequeño espejo, empezaremos ahora mismo.

Primera ley del espejo

Todo lo que veas, oigas, huelas, degustes, toques y juzgues es lo que tú eres.

Ya que tú eres tú y tu entorno. Tú eres el contenido y el contenedor, eres el agua y el cántaro; si el cántaro no existe, no podría existir el volumen individual del agua, ya que el sol la evapora para trasportarla al gran mar; lo mismo pasa con el ser humano: él está contenido dentro de la sociedad y es parte de ella; y también es el contenedor de otros individuos, por eso lo que le afecte a él, afectará a toda la sociedad, y lo que lo fortifique, fortificará a toda la sociedad.

Quien arroja la primera piedra está quebrando su propio cántaro.

Si eliges vivir en otro país, estás cambiando tu entorno, y también estás cambiando tú; al hablar otro idioma, al cambiar tu alimentación, al conocer otras leyes cívicas, legales, morales, culturales, etcétera. Incluso puedes cambiar de familia si decides casarte con un habitante de ese país.

Pero todo esto lo eliges tú o, si todavía no sabes lo que estás buscando, eliges que otros elijan por ti, y si algo sale mal, ya tienes a quien echarle la culpa.

✠❀⊗❀✠

Segunda ley del espejo

Si dos o más personas eligen ver el mismo escenario,
no podrán ver ni juzgar lo mismo.

Esto es debido a que sus puntos de referencia son distintos, pues dos personas no pueden ocupar el mismo lugar al mismo tiempo. Además, la sensibilidad de los sentidos es diferente, por tanto, los juicios son diferentes y las repercusiones en cada individuo son diferentes. Incluso tu ojo derecho no ve lo mismo que tu ojo izquierdo.

Un ejemplo de esta ley es cuando varias personas son testigos de algún accidente, sus juicios son diferentes ante el mismo evento.

✠❀⊗❀✠

Tercera ley del espejo

No puedes usar la ley del espejo para juzgar a otra persona.

Por ejemplo, si oyes a tu hermano decir que él "odia a su cuñado porque es muy irresponsable", tú no puedes usar la ley del espejo para juzgar a tu hermano, diciendo que "él es igual de irresponsable que su cuñado". Lo que tienes que ver, es dónde tú eres tan irresponsable como tu hermano, y dónde eres tan irresponsable como el cuñado de tu hermano, ya que la ley del espejo es para que te conozcas, y no para que juzgues a los demás; pero si algún día tu hermano te pregunta "¿por qué odio tanto a mi cuñado?", entonces le enseñarás las leyes del espejo para que él se conozca, se acepte y pueda conocer y aceptar a los demás, y con esto deje de juzgarlos y odiarlos.

Por último, existe una ley antes de la primera, llamada la *ley cero* o *ley del vacío:* donde no existe nada, sólo tu voluntad para conocerte a través del espejo.

Ley cero o del vacío

El todo formó un gran vacío donde no había nada,
sólo tu voluntad de conocerte;
tú elegiste ser la mitad de un espejo,
y que tu otra mitad sea tu entorno,
para atraerlo y aceptar que lo que veas en tu entorno,
sea bueno o malo para ti, eso eres.

Todo lo que ves afuera es lo que ves adentro; pero como tu razonamiento, de tanto juzgar a los demás, está desequilibrado, tu vista interna es muy borrosa, pues tus malas emociones te confunden y no ves la realidad exterior ni la interior; por tanto, vives entre las tinieblas de la ignorancia.

Éstas son las cuatro leyes del espejo, que se han enseñado en todas las religiones. Si bien cada religión las ha mencionado en forma distinta; para dar un ejemplo, diremos que cuando Jesús dijo: "quien esté limpio de pecado que arroje la primera piedra", lo podemos interpretar como una aplicación muy certera y contundente de la ley del espejo, pues cuando el pueblo reconoció que ellos eran tan pecadores como la adúltera, perdieron toda autoridad para juzgarla y castigarla, y al faltarles la fuerza que da la ira, las piedras se les cayeron de las manos.

No juzguen y no serán juzgados;
porque de la manera que juzguen serán juzgados
y con la medida con que midan los medirán a ustedes.
¿Por qué ves la pelusa en el ojo de tu hermano y
no ves la viga en el tuyo? ¿Cómo te atreves a decir a tu hermano
"Déjame sacarte esa pelusa de tu ojo",
teniendo tú una viga en el tuyo? Hipócrita, sácate primero la viga
que tienes en el ojo y así verás mejor para
sacar la pelusa del ojo de tu hermano.

Mateo 7,1-5

Tu ojo es tu lámpara. Si tu ojo es limpio, toda tu persona aprovechará la luz. Pero, si es borroso, toda tu persona estará en la confusión. Si lo que había de luz en ti se volvió confusión, ¡cómo serán tus tinieblas!

Mateo 6,22-23

A continuación veremos el tema de las siete áreas de la vida, pero antes voy a cederle la palabra a Silvia.

—Gracias, maestro. Yo estoy de acuerdo con la ley cero; si yo tengo la voluntad de conocerme, me voy a conocer, y si no tengo la voluntad, no me voy a conocer; pero lo que no puedo comprender es la primera ley, pues si yo veo a la Miss Universo, no me voy a sentir tan bella como ella, pues ya sé que ella es bella y por eso está concursando, y yo no soy tan bella; por eso no estoy concursando y no creo que esto afecte mis sentimientos hacia ella.

—Voy a dividir la respuesta en dos: la primera es que si tienes la voluntad de conocerte, te vas a conocer; eso es correcto. Luego dijiste: si no tengo la voluntad, no me voy a conocer. Y eso es falso. Ya que venimos a este mundo a conocernos, ya sea en forma consciente, creando nuestro propio destino, o en forma inconsciente, creando adversidades. Pero todos nos vamos a conocer y a reconocer, aunque sea en el último instante de nuestra vida.

La segunda parte es respecto a la reina de la belleza. Si tú ves el concurso de Miss Universo, a través de la televisión, ya estás preparada para ver bellezas; además, ellas son un espejo tan distante de tu vida cotidiana, que te reflejan muy poco de lo que tú conoces y desconoces de ti, y esto repercute en que tus emociones no sean tan tormentosas. Pero qué pasa si la Miss se va a vivir enfrente de tu casa. Ese espejito se convirtió en un espejote; en un espejote mágico que te dice que ya no eres la más bonita de tu colonia. ¿Tus emociones serán las mismas cuando tu esposo la vea enfrente de tu casa en vez de por televisión?

¡Claro que no! Porque tu razonamiento empieza a comparar y te dice: Ella sí y tú no. Y vas a luchar para encontrarle un defecto, para que tu razonamiento se equilibre. Pero como estás usando una F2 para equilibrar a otra F2, estarás separándote cada día más, para que ese espejo se aleje de tu vida lo más rápido posible.

—Entonces, ¿cuál es la solución?

—La solución es que encuentres una F1 dentro de ti, para que equilibres a esa F2 que nació dentro de ti.

Busca donde sí eres bella, hasta que tu concepto de fealdad quede equilibrado; y no busques la fealdad en las personas bellas, ya que estás violando la ley del espejo, y esto ocasionará que no te conozcas por el camino más rápido y seguro.

Tu belleza puede estar en la forma en que tratas a tus semejantes, en tu bondad, en tu inteligencia, en tu creatividad, en tu amor incondicional, etcétera. Una vez que hayas encontrado el equilibrio entre tus dos características opuestas, tu mente ya no perderá el tiempo en estar criticando o alabando a los demás; ya no viajará al pasado para acordarte de que cuando eras joven eras bella; a tu mente ya no llegará el recuerdo de cuando te hicieron sentir fea; tu mente ya no viajará al futuro para pensar que con una cirugía o con una dieta fastidiosa y monótona, te volverás bella; dejarás de ponerle atención a la mentira que te habías creído, de que sólo eres fea, y tu belleza empezará a surgir de adentro hacia fuera de ti.

Por otra parte, si tú te sientes más bella que los demás, esto también es una gran mentira, ya que al sentirte más que los demás, te estás poniendo por encima de muchos, pero al mismo tiempo por debajo de muchos; y cuando tu espejito mágico te diga que ya no eres la más bella, tu mente empezará a viajar y gastarás mucho tiempo y dinero en alcanzar ese nivel de belleza. Mejor busca donde no eres bella, hasta que equilibres tus emociones; y cuando veas a una persona fea, ya no emitirás juicios, porque tú eres igual a ella, y la aceptas tal como es. Atraerás que ella te acepte tal como eres, sin envidias ni resentimientos hacia ti y hacia ella misma, y el sentimiento de unidad las unirá.

Las siete áreas de la vida

El ser humano se desarrolla en siete áreas de la vida, y estas áreas son distinguibles pero no separables; si queremos separar alguna de estas áreas poniéndole más atención, nuestro razonamiento se empieza a desequilibrar, y consecuentemente nuestra vida.

Las siete áreas de la vida son:

1. *Espiritual.* Es tu conexión con Dios, es lo que tu alma vino a hacer a esta vida; es el propósito de tu vida, es tu camino.
2. *Mental.* Es tu voluntad de aprender, son todos tus conocimientos, para conocer tu camino.
3. *Profesional.* Es tu oficio, tu vehículo, es lo que te gusta hacer y en lo que te gusta pensar.
4. *Económica.* Ésta es el producto de las tres primeras áreas, que se manifiestan en cosas materiales y mentales.
5. *Social.* Son las personas con las que tú eliges relacionarte para realizar tu misión.
6. *Familiar.* Representa a todas las personas que intervinieron directamente en tu nacimiento, crecimiento y multiplicación
7. *Física.* Representa tu cuerpo, tu belleza, tu salud y el verdadero templo donde puedes encontrar a Dios, pues en ésta se manifiestan todas las áreas de tu vida.

—¿Es casualidad que sean siete o tiene que ver algo con el siete, número elegido de Dios?

—Sí es casualidad, si por casualidad entendemos la suma de todas las causalidades.

El siete es la unión del numero tres y el cuatro. El tres es el número de lo divino, es la trinidad, Padre, Hijo y Espíritu Santo. Como en lo divino no existe el razonamiento, tampoco existe la dualidad, por eso se dice que la trinidad es la unidad, el todo.

El cuatro es el número del hombre, porque está compuesto de cuatro energías (fuego, aire, agua y tierra); también podemos decir que el hombre es Alma + F1 + F2 + Cuerpo, que son los cuatro elementos que forman la unidad; el Todo pero manifestado en lo material.

Por lo tanto, el número siete es el número de la integridad, de la plenitud, de la armonía, de la vida del ser humano. El siete se vuelve la unidad, y así también las siete áreas de la vida. Las tres primeras son del orden divino y las cuatro restantes son del orden humano; las siete unidas forman la unidad, ya que estas áreas son distinguibles pero no separables.

Si descuidamos alguna de estas siete áreas, ella hará todo lo posible por llamar nuestra atención, para que nos volvamos a equilibrar.

Por ejemplo, si le dedicas mucho tiempo al trabajo y descuidas tu área física, tu cuerpo se enferma para llamarte la atención.

Si te dedicas a fiestas y reuniones sociales, tu área económica te llamará la atención, presentándote números rojos.

Si descuidas a tu familia por estar todo el tiempo orando y en cursos de superación personal, tus hijos se volverán conflictivos para que te bajes de tu nube.

Si te gustan los negocios fáciles y obtener dinero sin ningún esfuerzo, tu área mental se volverá tan floja que no sabrás ni cambiar un foco de tu casa.

—¿Una persona corrupta puede corromper su área espiritual?

—Sí puede corromper su área espiritual, mas no puede corromper al espíritu universal ni a su propia alma; lo que primero se corrompe es la mente, y la mente corrompe a todas las áreas. Por ejemplo, el área espiritual la corrompemos cuando, para no recibir críticas de nuestros correligionarios, no luchamos por nuestro sueño; o cuando creemos en Dios pero nuestros actos demuestran lo contrario; cuando le pedimos a Dios que castigue a nuestros enemigos; cuando criticamos otras religiones, y cuando damos dinero a la iglesia para que Dios nos perdone.

En el área mental, nos corrompemos cuando sólo usamos el razonamiento para etiquetar cualquier cosa o evento como bueno o malo, y no usamos el sentimiento para ver el trasfondo de las cosas o los eventos; también si sólo pensamos en nuestro beneficio; si pensamos mal de todos y los maldecimos por malos, y si no nos gusta aprender algo nuevo.

En el área profesional, nos corrompemos cuando no trabajamos en lo que más nos gusta, o nos robamos las ideas de otros; cuando hablamos mal de la competencia o de nuestros compañeros de trabajo; así como al faltar o llegar tarde al trabajo, y al presumir que ganamos mucho y trabajamos poco.

En el área económica, nos corrompemos cuando no valoramos nuestros talentos y sólo usamos la astucia para negociar algo o arrebatárselo a los demás; cuando robamos, cuando pedimos prestado y no lo devolvemos, cuando no pagamos impuestos, cuando nos colgamos de la luz. Cuando desperdiciamos el agua, cuando pedimos propinas para realizar algún trámite que es gratuito, cuando comercializamos con cosas prohibidas, cuando usamos nuestras influencias para no cumplir con nuestras obligaciones, cuando a tus hijos les dices que no tienes dinero y de domingo les das un costoso aliento alcohólico.

En el área social nos corrompemos cuando hablamos mal de los que nos ofrecen su casa, cuando usamos el chisme para hacer amigos, cuando calumniamos, juzgamos, condenamos, señalamos y humillamos a nuestros semejantes.

También cuando somos impuntuales, cuando abusamos de la amabilidad de los demás, cuando pensamos que nuestro apellido vale más, cuando pensamos que nuestra profesión es más importante que la de nuestros amigos. Cuando nos presentamos en la sociedad como licenciado, doctor, ingeniero etcétera, y hacemos a un lado nuestro nombre por anteponer nuestro título. Cuando les buscamos defectos a todos para ponernos arriba de ellos.

En el área familiar nos corrompemos cuando nuestros familiares nos piden que les dediquemos tiempo y les damos dinero o les damos reclamos, regaños y aliento alcohólico. Cuando queremos educar a nuestros hijos con palabras y no con el ejemplo; cuando somos envidiosos y celosos, cuando no los entendemos, cuando deseamos su muerte y su herencia. Cuando pensamos que no nos comprenden ni nos apoyan.

En el área física nos corrompemos cuando nos alimentamos en exceso, o cuando comemos y tomamos alimentos y bebidas de mala calidad. Cuando consumimos algún tipo de droga, cuando tatuamos nuestro cuerpo, cuando le hacemos cirugía plástica con fines de embellecimiento físico.

Si la corrupción de los demás te hace vibrar de coraje, es que tú vibras en la misma frecuencia; o porque deseas vibrar en la misma frecuencia, pero no lo has logrado pues otros corruptos no te han dejado que ocupes su lugar. Ésta es la ley universal de la resonancia, que dice que cuando dos o más individuos tienen la misma frecuencia, basta con que uno se mueva para que los demás vibren con la misma onda.

Ejemplo: si dos cuerdas de guitarra están afinadas en el mismo tono, cuando se percute una la otra vibra porque está en la misma frecuencia de la primera.

La pregunta obligada en este tema es: ¿emito o recibo corrupción, y en qué tono? En qué área de mi vida, ya que no puede ser en todas al mismo tiempo, pues la ley de la polaridad también se aplica, y consiste en que todos tenemos los dos lados de la moneda, pero sólo vemos el lado que más nos ayuda a sobrevivir.

—Maestro, cuando yo veo a un alcohólico tirado en la calle, tengo varios sentimientos encontrados. ¿Cómo puedo empezar a verme en ese espejo, con el sentimiento negativo o con el sentimiento positivo?

—Empieza con la emoción que más te mueva, que por lo general es la primera que surge, y cuando veas a un alcohólico en la calle, no lo etiquetes con el calificativo de *alcohólico*, pues estás limitando tu visión; mejor ve la escena completa, ya que fue producida especialmente para que tú te reconozcas en ella. Te recomiendo que equilibres todas tus emociones, en las siete áreas de tu vida. Busca dónde tienes esa característica, y después buscando dónde tienes la opuesta, hasta que tu razonamiento quede equilibrado, tus resentimientos se vuelquen en agradecimiento y tu desconfianza en confianza.

Quetzalcoatl nos devela la
sabiduría universal en diez palabras

Después que el maestro nos agradeció y nos felicitó por haber participado y terminado el curso satisfactoriamente, y que nosotros también le agradecimos todas sus enseñanzas, pasamos a otro salón para convivir en un gran ambiente de hermandad, acompañados de música prehispánica y una rica cena. Aproximadamente a la diez de la noche, el maestro se despidió para hacer sus oraciones y preparar sus maletas, pues tenía que volar a Oaxaca para participar en un congreso de culturas precolombinas

Hacia las doce de la noche decidimos irnos a descansar, pues al día siguiente, desde muy temprano, haríamos un recorrido recreativo por la zona arqueológica de Teotihuacan, y en la tarde todos partiríamos a nuestros destinos.

Pero los planes fueron súbitamente suspendidos, pues a la una de la mañana el maestro y sus asistentes nos despertaron; nos reunieron en el estacionamiento del hotel, para no molestar a los demás huéspedes. El maestro nos comunicó que en su meditación recibió un mensaje, donde le decían que esa misma noche fuera a la Pirámide de la Luna, acompañado por todos los participantes del curso, y que ahí, antes del amanecer, recibiría otro mensaje.

Aunque todos estábamos desconcertados, aceptamos acompañar al maestro, pues ahora había algo en sus ojos, que no habíamos notado durante el curso. El único problema que se interponía era el ingreso a la zona arqueológica, ya que se encuentra totalmente cercada y con vigilancia de día y de noche. Muchos optamos por hablar con los vigilantes para que nos permitieran el acceso, pero como al maestro le recomendaron discreción absoluta, decidimos ingresar a la zona haciendo escaleras humanas, y escalar la pirámide de la Luna de la misma forma, pero por el flanco derecho, que era el menos vigilado. Nuestros movimientos fueron rápidos, y en menos de dos horas estábamos en la punta de la pirámide. El maestro sugirió que nos sentáramos formando un círculo y empezáramos a meditar, hasta recibir el siguiente mensaje. En pocos minutos él pasó al centro del círculo y pronunció algunas palabras que no entendimos, pero nos explicó que él sólo prestaba su garganta para que los maestros hablaran; que le indicaban que teníamos que descender y caminar sobre la Calzada de los Muertos, hasta donde ésta se cierra con la cerca que rodea la zona arqueológica, y después regresar unos cuantos metros para ingresar a la Ciudadela, para posteriormente subir al Templo de la Serpiente Emplumada, donde recibiríamos un nuevo mensaje.

Para no ser vistos, decidimos descender de la pirámide recostándonos en las escalinatas. Luego caminamos sobre la Calzada de los Muertos, agazapándonos entre los templos pero cuando llegamos al fondo de la calzada y empezábamos a retornar, fuimos interceptados por varios vigilantes que nos pedían una explicación de lo que estábamos haciendo, y en caso de no tener una buena razón, seríamos conducidos ante las autoridades del lugar. Cuando no sabíamos qué decir, el maestro fue reconocido por el vigilante de mayor edad, y entonces ellos hablaron en privado y nos dio el permiso de continuar nuestra ceremonia sin ser molestados por sus compañeros, pues el vigilante sabía perfectamente de los conocimientos del maestro, en todo lo concerniente a la ciencia y sabiduría de los teotihuacanos.

Después de esta pequeña interrupción, continuamos hasta ingresar a la Ciudadela, donde se encuentra el Templo de Quetzalcoatl; ya íbamos un poco más relajados, y con todo el esplendor de la luna llena, pues las nubes se retiraron velozmente y el cielo se despejó por completo. Al llegar al Templo de Quetzalcoatl, volvimos a formar el círculo de oración; el maestro pronunció un nuevo mensaje: teníamos que regresar por la Calzada de los Muertos y subir a la Pirámide del Sol; en cada piso caminaríamos alrededor en sentido contrario de las manecillas del reloj, hasta llegar a la punta de la pirámide, todo esto en absoluto silencio. Él debería quedarse ahí para recibir otro mensaje.

Todos obedecimos, y al llegar arriba formamos un círculo de oración. A los pocos minutos oímos un tronido que nos hizo voltear hacia el oriente, y vimos cómo el sol empezó a salir. Nadie rompió el círculo. Enseguida vimos cómo por el lado sur, exactamente donde está el Templo de Quetzalcoatl, se elevaba una gran serpiente de luz dorada, que aterrizó dentro del círculo que formábamos; ahí tomó forma humana, de muchos rostros que hablaron y nos dijeron: "todo lo que desees para ti, deséaselo a tus semejantes". Ahí está contenida toda la sabiduría a la que puede aspirar la humanidad.

Inmediatamente después, esa luz se elevó hasta el sol, y nos quedamos contemplándolo por muchos minutos, sin hablar una sola palabra, hasta que el maestro dijo: "Esto nunca lo había visto yo". Todos nos abalanzamos hacia el maestro para abrazarlo y agradecerle la más rica experiencia que habíamos vívido en nuestra vida. Después de mucho tiempo, bajamos la pirámide y nos fuimos al hotel sin poder hablar, sólo nos comunicábamos con sonrisas y abrazos fraternales.

Posteriormente, el maestro nos explicó que el verdadero significado de la zona arqueológica de Teotihuacan es en realidad una representación del cuerpo humano; que la Pirámide de la Luna representa a la cabeza y el razonamiento, y también a la luna, ya que la luna es como el razonamiento, que a veces se deja iluminar por el sol y a veces no.

La pirámide del Sol está del lado izquierdo porque representa el corazón, el alma y el sentimiento.

La Calzada de los Muertos representa la columna vertebral, el conducto por donde baja la energía vital para rebotar hacia la parte superior; pero antes, para ser espiritualizada, debe ser interceptada por el Templo de Quetzalcoatl y de ahí viajar volando directamente al corazón, para iluminar todo el cuerpo humano, producir la metamorfosis y convertirse en el nuevo ser humano.

Y es cuando el hombre se convierte en Dios.

*Y los dioses se reunieron
en Teotihuacan, y fue
su voluntad crear al Hombre, pero
eso no fue suficiente. Quetzalcoatl
tuvo que bajar y
convertirse en hombre
para que los hombres se
convirtieran en dioses.*

René E. Rodríguez Fabila

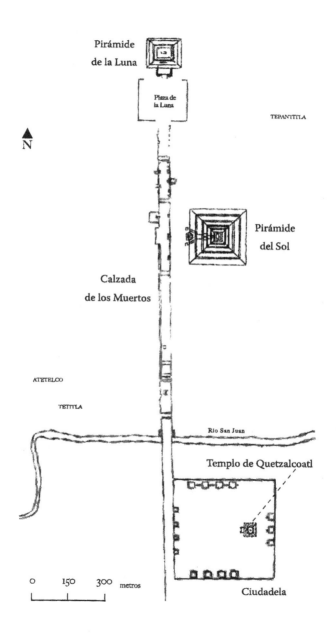

Pirámide
de la Luna

Plaza de
la Luna

TEPANTITLA

N

Pirámide
del Sol

Calzada
de los Muertos

ATETELCO

TETITLA

Río San Juan

Templo de Quetzalcoatl

Ciudadela

0   150   300 metros

Índice

La cueva secreta de Teotihuacan,
de René Ernesto Rodríguez Fabila,
fue impreso y terminado en junio de 2012
en Encuadernaciones Maguntis, Iztapalapa,
México, D. F. Teléfono: 5640 9062.

Interiores: Angélica Irene Carmona Bistráin
Cuidado de la edición: Modesta García Roa y
Karla Bernal Aguilar

CPSIA information can be obtained
at www.ICGtesting.com
Printed in the USA
BVHW040236160420
577720BV00014B/577